INHALT

1. FAMILIE UND KINDER

»Meine erwachsene Nichte und Patentochter hat mir mehrere selbstgemalte Bilder geschenkt, die meinem Geschmack nicht entsprechen, weswegen ich sie nicht aufgehängt habe. Sie wird mich demnächst besuchen kommen. Einerseits möchte ich sie nicht verletzen, andererseits soll meine Wohnung meinen Geschmack wiedergeben. Die Bilder nur für ein Wochenende aufzuhängen wäre für mich eine unanständige Lösung. Was raten Sie mir?«

Barbara L., Potsdam

In einer seiner Geschichten beschreibt der israelische Satiriker Ephraim Kishon, wie er und seine Frau von einem Onkel ein großes, hässliches Ölgemälde geschenkt bekommen, das sie erst wieder ruhig schlafen lässt, als sie es mit der Vorderseite zur Wand auf den Balkon stellen. Dies geht nur so lange gut, bis der Onkel überraschend zu Besuch kommt und sie es gerade noch schaffen, das Bild aufzuhängen. Um für die Zukunft gewappnet zu sein, veranstalten sie daraufhin nächtliche Alarmübungen und schaffen es so, den Ölschinken in Rekordzeit an die Wand zu drapieren.

Was schließen wir daraus? Dass die besten Geschichten nicht das Leben, sondern Ephraim Kishon schreibt? Dass Sie doch auch die »unanständige Lösung« wählen sollten? Wahrscheinlich keines von beiden, sondern dass das Schenken von Wandschmuck und anderem Zierrat generell Probleme in sich birgt.

Die wenigsten vermeintlich großzügigen Schenker machen sich klar, was für ein kühnes Unterfangen dies darstellt: einem anderen etwas zu schenken, das nur dann Freude bereitet, wenn es dem Geschmack des Empfängers entspricht. Wer das trotzdem unternimmt und dann aber auch noch erwartet, dass der Beschenkte das Präsent auf alle Fälle zur Schau stellt, schenkt in Wirklichkeit nichts, er nimmt sich vielmehr etwas. Er maßt sich Gestaltungshoheit über eine fremde Wohnung an und okkupiert gewissermaßen das entsprechende Wandstück. Das ist nicht Schenken, sondern das Gegenteil: Raub. Wandraub. In den meisten Fällen bezweifle ich sogar die gute Absicht; es scheint mir schlicht selbstbezogen oder gedankenlos. Im Ergebnis stellt dieser ästhetische Eingriff jedoch einen aggressiven Akt dar. Dem müssen Sie sich nicht beugen.

Was ich Ihnen rate? Die Bilder keinesfalls aufzuhängen. Wenn Ihre Nichte Takt besitzt, wird sie nicht nachhaken. Wenn sie es dennoch tut, muss sie mit der Wahrheit leben.

* * *

Ephraim Kishon: Arche Noah, Touristenklasse, Bastei Lübbe Verlag, Bergisch Gladbach 2003 (Onkel Morris und das Kolossalgemälde).

»Weil unsere Gemeinde eine Anliegerstraße zur Durch-
gangsstraße erklären will, hat mein Schwager seine Kinder
dazu angehalten, Flugblätter an Passanten zu verteilen.
Einige aus der Familie fanden das gut: Man könne Kinder
nicht früh genug dazu bringen, sich politisch zu engagie-
ren! Ich vertrat hingegen vehement die Ansicht, man dürfe
Kinder nicht instrumentalisieren, indem man sie für politi-
sche Ziele einspannt, die sie noch gar nicht verstehen und
beurteilen können, ganz egal wie redlich diese Ziele auch
sein mögen. Was meinen Sie?«   *Pilar W., Hannover*

Bei Ihrer Frage musste ich an die Mini-Playback-Show
denken. Bei dieser TV-Sendung traten Kinder, als Schla-
gerinterpreten verkleidet, zu Playbackmusik auf. Die
Sendung war in den Neunzigern ein Quotenhit und heftig umstritten, hauptsächlich wegen der Sexualisierung
der Kinder, die so freizügig wie die Originale kostümiert
wurden. Daneben gab es aber auch einen weiteren Kri-
tikpunkt: Obwohl es den Kindern sichtlich Spaß machte, sich zu verkleiden und aufzutreten, würden sie im
Endeffekt instrumentalisiert; die Programmmacher be-
nutzten sie als Mittel zur Quote, und die Eltern wollten
sie auf der Mattscheibe sehen.

Und hier sehe ich die Parallele: Natürlich bereitet es
Kindern Freude, Flugblätter zu verteilen oder gar mit
Transparenten durch die Straßen zu ziehen. Wenn sie
aber nicht wissen, wofür genau sie demonstrieren, oder

die Bedeutung nicht verstehen, macht man sie zum »Mittel zum beliebigen Gebrauche für diesen oder jenen Willen«, wie Kant formuliert. Wahrscheinlich würde die Behauptung genügen, dann könne man ihnen einen Spielkameraden kaufen, um Mädchen und Jungen freiwillig und mit voller Überzeugung für die Legalisierung des Kinderhandels vor dem Justizministerium aufmarschieren zu lassen.

Nun liegt es hier tatsächlich auch im Interesse der Kinder, die Straße nicht zu öffnen; zudem haben Untersuchungen gezeigt, dass es die Moralentwicklung von Kindern und Jugendlichen fördert, wenn sie früh an demokratischen Prozessen teilnehmen. Man muss also abwägen oder eine Abgrenzung finden. Die würde ich dort ansiedeln, wo die beteiligten Kinder das Thema so weit verstehen, dass sie eine eigene, autonome Entscheidung treffen können, ob sie sich engagieren wollen oder nicht; teilnehmen eben und nicht nur mitlaufen. Solange sie das noch nicht können, dienen sie in erster Linie als lebende Transparente.

* * *

Immanuel Kant, Grundlegung zur Metaphysik der Sitten mit der berühmten »Zweckformel« des kategorischen Imperativs: (Akademieausgabe, S. 429) »Handle so, dass du die Menschheit sowohl in deiner Person, als in der Person eines jeden anderen jederzeit zugleich als Zweck, niemals bloß als Mittel brauchest.«

Zur Moralentwicklung von Kindern und Jugendlichen:

Detlev Horster (Hrsg.): Moralentwicklung von Kindern und Jugendlichen, VS Verlag für Sozialwissenschaften, Wiesbaden 2007, unter anderem mit einem grundlegenden Beitrag von Gertrud Nunner-Winkler.

Burdewick, Ingrid: Jugend-Politik-Anerkennung. Eine qualitative empirische Studie zur politischen Partizipation 11- bis 18-Jähriger, VS Verlag für Sozialwissenschaften, Wiesbaden 2003.

Georg Lind: Moral ist lehrbar, Oldenbourg Verlag, München 2003.

Leo Montada: Moralische Entwicklung und moralische Sozialisation, in: Oerter/Montada: Entwicklungspsychologie, Psychologie Verlags Union, Weinheim, 4. Auflage 1998.

»Meine Eltern (91 und 84) leben in einem Heim. Meine Mutter hat sich mit der Situation abgefunden, mein Vater ist oft unglücklich. Restaurantbesuche – nur in den besten! – sind für ihn wichtig, um herauszukommen, werden jedoch zunehmend peinlicher. Oft landet, was auf der Gabel ist, auf Teller, Kleidung, Stuhl oder Boden. Schlecht Kaubares wird ausgespuckt, dazu kommen Essgeräusche und laute Bemerkungen über Speisen und Bedienung. Ist das Verhalten meiner Eltern den Restaurantbetreibern und den anderen Gästen noch zuzumuten (von uns ganz zu schweigen)?« Martin J., Mainz

Im Märchenbuch der Brüder Grimm findet sich die Erzählung vom alten Großvater, der zittrig den Löffel kaum halten konnte, Suppe auf das Tischtuch schüttete, »und es floß ihm auch etwas wieder aus dem Mund«. Aus Ekel verbannten ihn Sohn und Schwiegertochter vom Tisch, und als er seine Essschüssel zerbrach, kauften sie ihm eine billige aus Holz. Eines Tages trug der vierjährige Enkel ein paar Bretter zusammen, um »ein Tröglein« zu machen, »daraus sollen Vater und Mutter essen, wenn ich groß bin«.

Da holten Mann und Frau »alsofort den alten Großvater an den Tisch und ließen ihn von nun an immer mitessen, sagten auch nichts, wenn er ein wenig verschüttete«. Fast enthält diese Geschichte schon die Antwort, dabei ist sie doch nichts anderes als eine literarisch verpackte, in die Zukunft gerichtete goldene Regel. Der Enkel zwang die Eltern in die Position des Großvaters.

Dennoch wird dadurch das Problem nur zum Teil erfasst. Einen wichtigen Aspekt zeigt Simone de Beauvoir in ihrem Essay »Das Alter« auf: »Die Traurigkeit alter Menschen wird nicht durch ein Ereignis oder durch besondere Umstände ausgelöst: Sie verschwimmt mit der Langeweile, die sie verzehrt, mit dem bitteren und demütigenden Gefühl ihrer Nutzlosigkeit, ihrer Einsamkeit inmitten einer Welt, die nur Gleichgültigkeit für sie übrig hat.«

Die besonderen Restaurantbesuche stellen demnach nicht einen Spleen Ihres Vaters dar, sondern haben als Erlebnis einen hohen Stellenwert in seinem Leben. Dennoch kann das nicht außer Acht lassen, worauf schon der römische Philosophenkaiser Marc Aurel hinwies: »Denn wie viele werden im Alter nicht kindisch! Und bei wem ein solcher Zustand eingetreten ist, dem fehlt es zwar nicht an der Fähigkeit zu atmen, sich zu nähren, sich etwas vorzustellen und etwas zu begehren«, aber am »Vermögen, sich frei zu bestimmen ...«

Dies scheint mir den Kern zu treffen: freie Selbstbestimmung. Gebrechlichkeiten oder Schwächen des Alters sind nicht peinlich, sondern der normale Verlauf des Lebens. Dessen braucht man sich nicht zu schämen, und es ist zu akzeptieren. Eine Grenze wird erst dann erreicht, wenn Ihre Eltern sich selbst bloßstellen durch ein Verhalten, das sie im Sinne Marc Aurels nicht mehr bemerken und mit dem sie – das ist entscheidend –, so sie es bemerkten, nicht würden auftreten wollen.

Ihre Aufgabe als Sohn ist, zu Ihren Eltern zu stehen und ihnen zu helfen, vielleicht auch das Problem mit dem Wirt zu erörtern; das beinhaltet aber auch, Ihre Eltern vor einer Bloßstellung zu bewahren, falls – und nur dann – sie das selbst nicht mehr vermögen.

* * *

Jakob und Wilhelm Grimm: Kinder und Hausmärchen, Berlin 1812, Nr. 78; online abrufbar unter www.grimms.de oder unter http://gutenberg.spiegel.de/?id=5&xid=969&kapitel=80&cHash=b2042df08benkel#gb_found).

Simone de Beauvoir: Das Alter, Rowohlt Taschenbuch Verlag, Reinbek bei Hamburg 1977, S. 601.

Marc Aurel: Selbstbetrachtungen, nach der Übersetzung von F. C. Schneider, Deutsche Bibliothek Berlin, online abrufbar unter http://www.zeno.org/Philosophie/M/Mark+Aurel/Meditationen/Drittes+Buch.

»Zur Geburt unseres dritten Sohnes bekamen wir einen Gutschein eines Spielwarenladens über 40 Euro. Durch unsere beiden älteren Söhne ist der Bedarf an Babyspielzeug allerdings gedeckt – während unser Ältester immer wieder neues braucht. Dürfen wir unserem ahnungslosen Säugling das Geschenk vorenthalten und stattdessen etwas kaufen, was ihm später gebraucht vererbt werden wird?«

Peter S., Landshut

Was hat das Baby davon, wenn Sie es nicht machen? Statt auf den Haufen des vorhandenen Spielzeugs noch ein neu gekauftes obenauf zu legen, wird der Gutschein quasi eingetauscht, und es bleibt in der Familie. Der Säugling wird das vermutlich nie erfahren; zudem erküren Kinder ohnehin oft die eigenartigsten und schäbigsten Geschenke zum Lieblingsspielzeug. Dennoch bleibt ein ungutes Gefühl. Warum?

Roanne K. Rowling, eine Meisterin auf der Klaviatur unbewusster Wünsche, Aversionen und kindlicher Empfindungen, schildert gleich auf den ersten Seiten des ersten Harry-Potter-Bandes, wie dieser die abgelegte Kleidung seines Cousins Dudley tragen muss. Damit illustriert sie plastisch und nachfühlbar die Geringschätzung und Demütigungen, die er im Hause seiner Verwandten erfährt. Es geht um Fragen wie Wert der Person und Individualität, die gerade auch zwischen Geschwistern eine große Rolle spielen.

Dazu muss man nicht in die Diskussion einsteigen, was ein Säugling nun tatsächlich registriert, ob er es spürt, wenn die Eltern ihm etwas Besonderes, nur für ihn Erworbenes geben. Ich bin der Meinung, dass man es ihm unabhängig davon schuldet.

Auch in einer Ethik, wie ich sie vertrete, die sich am Verhältnis zwischen den Menschen orientiert, kann es nicht nur darum gehen, was die Beteiligten tatsächlich bemerken. Sonst wäre eine dreiste Lüge moralisch unbedenklich, wenn sie nur geschickt genug vorgebracht wird. Es geht um den Respekt, den man dem anderen zollt. Damit meine ich nicht, dass Kinder zu kleinen Prinzen herangezogen werden sollen, für die das Beste und Neueste gerade gut genug ist. Das ist etwas anderes als Respekt, der sich mehr in einer Haltung als in Verwöhnen ausdrückt. Und diese Haltung ist hier betroffen.

Sie machen vermutlich nichts falsch im engeren, strengen Sinne, wenn Sie die Spielzeugrochade durchführen, aber ich halte sie – vielleicht drückt man es so am besten aus – für moralisch unsensibel.

* * *

Roanne K. Rowling: Harry Potter and the Philosopher's Stone, Bloomsbury, London 2000, S. 27.

Zu einer psychologischen Typologie der Geschwisterfolge:

Karl König: Brüder und Schwestern – Geburtenfolge als Schicksal, Vandenhoeck & Ruprecht, Göttingen 2008.

»In meiner Videothek versuchen Jugendliche oft, Filme und Spiele auszuleihen, die erst ab 18 Jahren freigegeben sind. Meist verhindern das aber unsere strengen Ausweiskontrollen. Nun bringen Minderjährige immer öfter ihre Eltern mit, die dann die nicht jugendfreien Objekte ausleihen. Natürlich spreche ich die Eltern auf den Jugendschutz an und verweigere in eindeutigen Fällen den Verleih. Allerdings muss ich mir sagen lassen, ich greife unzulässig in ihre Erziehungsmethoden ein. Soll es mir egal sein, was Eltern ihren Kindern ausleihen?«

Astrid R., Bremerhaven

Gleich auf Anhieb fiele mir eine ganze Reihe sogar täglich verbreiteter Medienprodukte ein, die man aus Gründen des Allgemeinwohls, auch wenn sie keine Altersfreigabe aufweisen, weder an Jugendliche noch an Erwachsene herausgeben sollte. Andererseits findet fast jede Blüte medialen Schaffens ihre Liebhaber, und ich will keine Klagen am Hals haben, deshalb konzentrieren wir uns hier auf die offiziell beschränkten Elaborate. Und da meine ich: Ja, Sie können die Ausleihe ruhigen Gewissens verweigern. Meines Erachtens sogar besseren Gewissens, als sie herauszugeben.

Dies mag verwundern, sieht doch unser Grundgesetz in der Erziehung nicht nur das »natürliche Recht der Eltern«, sondern auch »die zuvörderst ihnen obliegende Pflicht«. Darüber wacht die »staatliche Gemeinschaft« –

hier, indem sie Ihnen verbietet, nicht freigegebene Filme an Jugendliche abzugeben. Sie überlässt es aber in weiten Grenzen den Eltern, was diese ihre Kinder zu Hause sehen lassen.

Damit könnte man meinen, Sie seien außen vor. Dies scheint mir aber am wirklich zentralen Punkt vorbeizugehen: Ihrer Verantwortung für Ihr eigenes Handeln. Wenn Sie infolge des Gesprächs und mit Ihrer Kenntnis des Inhalts der Meinung sind, der Jugendschutz komme hier zu kurz, sollten Sie den Film oder das Spiel nicht ausleihen. Das hat nichts mit einer Bevormundung der Eltern oder Einmischung in deren Erziehung zu tun, Sie verantworten lediglich Ihren Beitrag. Sie greifen nicht in die Rechte der Eltern ein, fallen ihnen nicht in den Arm, ja, Sie belehren sie nicht einmal. Sie sagen schlicht und einfach: Ich mache da nicht mit. Das aber kann Ihnen niemand verwehren, denn umgekehrt kann Ihnen auch niemand Ihre persönliche Mitverantwortung abnehmen.

* * *

Grundgesetz
Artikel 6

...

(2) Pflege und Erziehung der Kinder sind das natürliche Recht der Eltern und die zuvörderst ihnen obliegende Pflicht. Über ihre Betätigung wacht die staatliche Gemeinschaft.

Die Freigabe von Filmen für Kinder und Jugendliche und die Abgabe an sie ist in den §§ 12 und 14 Jugendschutzgesetz (JuSchG) geregelt.

»Eine Verwandte meines Mannes hat viel Zeit und bietet uns daher oft Hilfe an (Umzug, Babysitten o. Ä.); aber weniger aus Hilfsbereitschaft denn aus Langeweile, also zu ihrem eigenen Entertainment. Wir mögen diese Verwandte eigentlich nicht und wollen nicht viel mit ihr zu tun haben. Dennoch gibt es manchmal Situationen, in denen wir es ohne ihre Hilfe schwer hätten, wir sind nämlich erst umgezogen und haben noch keine Bekannten an unserem neuen Wohnort. Dürfen wir ihre Hilfe ohne schlechtes Gewissen in Anspruch nehmen?« Magda T., Oldenburg

Wo steckt das Problem? Dank der Hilfe der Verwandten ist doch allen geholfen: Sie sind froh, weil Sie die schwierige Situation überbrücken konnten, und ebenso die Verwandte, die ihrer Langeweile entkam. Die Summe des Glücks wurde vergrößert. Nach der Nützlichkeitsethik, dem Utilitarismus, der auf die Mehrung des Glücks abstellt, können Sie die Hilfe also ohne schlechtes Gewissen annehmen; ja umgekehrt, sie abzulehnen wäre unmoralisch.

Dennoch trägt diese Lösung einen schalen Beigeschmack: den des kalten Ausnutzens. Daraus resultieren vermutlich auch Ihre Gewissenszweifel. Der Ursprung des Problems besteht darin, dass Sie – bildlich gesprochen – die Bitte um Hilfe wie auch das Dankeschön widerwillig zwischen zusammengebissenen Zähnen hervorpressen. Übertragen in die Terminologie der Moralphilosophie, achten Sie die Dame nicht als Person, als eigenen Zweck, sondern wollen sie lediglich als Mittel zur Überwindung Ihrer eigenen Notsituation heranziehen. Damit aber verstoßen Sie gegen die Forderung Kants in der sogenannten Zweckformel seines kategorischen Imperativs: so zu handeln, dass man »jeden anderen jederzeit zugleich als Zweck, niemals bloß als Mittel« gebrauche.

Vor allem aber hat die Aktion etwas Verlogenes. Denn hinter dem Hilfeangebot steckt vermutlich mehr als reine Langeweile, nämlich die Suche nach Kontakt. Wären alle genauso zufrieden, wenn Sie sagen: »Du weißt, wir mögen dich eigentlich nicht, aber jetzt geht es leider nicht anders. Komm bitte, solange die Kinder krank sind, aber auch nur so lange.« Ich bezweifle, dass sie antworten würde: »Ja, ich weiß, ich kann euch auch nicht ausstehen, aber hängenlassen will ich euch trotzdem nicht. Und verglichen mit dem Nachmittagsfernsehen seid ihr halbwegs erträglich.« Aber dann wären wenigstens die Fronten klar.

* * *

Immanuel Kant: Grundlegung zur Metaphysik der Sitten, Reclam Verlag, Stuttgart 1984, S. 79 (Akademieausgabe S. 429).

Eine wirklich gute Einführung in den kategorischen Imperativ bietet:

Ralf Ludwig: Kant für Anfänger. Der kategorische Imperativ, dtv, München 1995.

Ebenso das Kapitel »Kant« in: Herlinde Pauer-Studer: Einführung in die Ethik, Facultas Verlag, Wien 2003.

Eine Sammlung von wichtigen Texten zum Utilitarismus bietet:

Otfried Höffe (Hrsg.): Einführung in die utilitaristische Ethik, Francke Verlag, Tübingen 1992.

»Ich habe eine kleine Tochter, die Luftballons liebt. Mit ihr kam ich neulich am Stand einer Partei vorbei, die ich, obwohl sie demokratisch ist, klar ablehne. Dort wurden bunte Luftballons mit Parteiaufdruck an Kinder verschenkt. Ich hatte Glück, weil wir auf der anderen Straßenseite liefen, trotzdem meine Frage: Was tun, wenn meinem Kind ein schöner bunter Luftballon geschenkt wird, auf dem in fetten Lettern eine falsche Partei wirbt? Den Ballon verschämt annehmen, ihn ›aus Versehen‹ platzen lassen oder ablehnen – und das Kind schreien lassen?«

Martin B., Köln

Warum hat man noch nicht gelernt, Seifenblasen zu bedrucken? Als nahezu perfekte Form von Werbung. Schillernd, leicht, kindheitserinnerungsreich. Nichts als Luft und Seifenwasser, dennoch darin aller Zauber dieser Welt. Ein wenig vom Glanz färbt auf den Aufdruck ab, und bevor der Verstand den Mechanismus durchschaut hat, ist alles wieder verschwunden. Ohne Krach, ohne Müll, ohne Reste. Insgesamt bedenklich, aber Ihr Problem hätte sich im Handumdrehen ohne Ihr Zutun von allein gelöst. In einem Tröpfchen Seifenwasser und dem Staunen Ihres Kindes, dem lautlos platzende Seifenblasen vertrauter und weniger enttäuschend sind als zerknallende Luftballons.

Bis es so weit ist, müssen wir das Problem durch Nachdenken angehen. Und da hilft, wie so oft, ein Gedankenexperiment: Was würden Sie tun, wenn eine widerliche rechtslastige Organisation kinderherzverzückende Luftballons mit ihren Emblemen und Sprüchen wie »Ausländer raus!« verteilte? Ein Prinzip, das der braune Sumpf mit gratis verteilter Musik und Freizeitveranstaltungen übrigens tatsächlich verfolgt. Sie würden hoffentlich nicht dem Drängen aus dem Kinderwagen nachgeben, sondern laut Pfui rufen.

Und ebenso sehe ich es hier, auch wenn es sich um eine demokratische Partei handelt. Solange Ihre Kinder nicht in der Lage sind, eigene politische Meinungen zu formulieren, sind Sie berufen, sie darin zu vertreten, und sollten sie nicht für eine aus Ihrer Sicht falsche politische Botschaft werben lassen. Nebenbei kann das die Kinder auch lehren, zwischen Verpackung und Inhalt zu unterscheiden; und sie dazu hinführen, sich, sobald sie dazu in der Lage sind, langsam, aber stetig zunehmend ihre eigene politische Meinung zu bilden. Im Anschluss an Ihre Überzeugung oder dagegen. Das mag mitunter mühsam sein, gehört aber zu den elterlichen Pflichten.

* * *

Micha Brumlik: Advokatorische Ethik – Zur Legitimation pädagogischer Eingriffe, 2. Auflage, Philo-Verlag, Berlin 2004.

»Meine Partnerin und ich wünschen uns ein Kind. Wir leben seit über vier Jahren in einer glücklichen Beziehung und in einem gesunden familiären Umfeld. Wir zweifeln nicht daran, dass wir fürsorgliche und liebevolle Eltern sein werden und auch den finanziellen Rahmen bieten können. Allerdings ist es uns als lesbischem Paar ja nun nicht möglich, gemeinsam ein Kind zu bekommen. Obwohl wir keiner bestimmten Glaubensrichtung anhängen, fragen wir uns doch, ob wir gegen natürliche Bestimmungen verstoßen, wenn wir eine Samenspende in Anspruch nehmen. Was meinen Sie?«

Carola R., Düsseldorf

Sie fragen nach »natürlichen Bestimmungen« – offensichtlich gibt es die, ließe sich platt antworten, sonst könnten Sie ja auf natürlichem Weg Kinder bekommen. Wie steht es dann aber mit heterosexuellen Paaren, bei denen der Mann unfruchtbar ist? Auch für solche Paare scheint es eine »natürliche Bestimmung« zu geben, kinderlos zu bleiben. Dennoch wird die künstliche Befruchtung durch Fremdsamenspende in diesen Fällen von rechtlicher wie auch von ethischer Seite ganz überwiegend akzeptiert. Außerhalb fester heterosexueller Beziehungen jedoch sprechen sich nicht nur Richtlinien der Ärztekammern dagegen aus. Auch manche Moralphilosophen wollen eine Fremdsamenspende nur akzeptieren, wenn sie zur Überwindung einer auf Krankheit beruhenden Unfruchtbarkeit dient, nicht aber in anderen Konstellationen.

Wenn hier eine unterschiedliche Bewertung erfolgt, muss sie sich mit sachlichen Unterschieden begründen lassen, sonst kann sie die Diskriminierung anderer Lebensformen nicht rechtfertigen und setzt sich dem Vorwurf aus, auf Vorurteilen zu beruhen; zumal andernorts, etwa in Dänemark, Holland oder den USA, liberalere Regelungen gelten. Als zentrales Leitbild und Hauptargument in der Diskussion dient den Gegnern einer Öffnung hier die heterosexuelle Paarbeziehung, vor allem die Ehe, mit der klassischen Vater-Mutter-Kind-Familie; die gelte es zu schützen und zu privilegieren. Andere, wie etwa die Göttinger Medizinethikerin Claudia Wiesemann, betonen dagegen, dass auch viele Kinder heterosexueller Paare heute nicht mehr in klassischen Eltern-Kind-Situationen, sondern in verschieden zusammengesetzten Patchworkfamilien leben. Die gesellschaftliche Aufgabe bestehe darin, langfristige, verantwortliche Beziehungen zu Kindern zu ermöglichen und zu fördern. Dies gelte »für heterosexuelle ebenso wie für homosexuelle Partnerschaften«.

Da ich keinen der Beteiligten in seiner Würde verletzt sehe, richtet sich die Entscheidung für mich in erster Linie nach dem Kindeswohl; dieses darf, wie der Düsseldorfer Moralphilosoph Dieter Birnbacher formuliert, keinesfalls »einem fanatischen Kinderwunsch« untergeordnet werden. In dieser Hinsicht haben jedoch Untersuchungen in etlichen Ländern keine negativen Auswirkungen gleichgeschlechtlicher Elternschaften feststellen können. Selbst die befürchtete soziale Stigmatisierung ließ sich nicht nachweisen und dürfte mit zunehmender Toleranz ohnehin geringer werden. Wenn es darum geht, »Ehe und Familie« im traditionellen Sinne zu schützen, sollte dies aktiv geschehen; mit einer Beschränkung alternativer Lebensformen ist keinem Kind oder keinem Ehepaar geholfen.

Man könnte, um Ihre Formulierung aufzugreifen, sogar provokant fragen, auf welche Art der »Natürlichkeit« es für ein Kind mehr ankommt: dass es ohne technische Eingriffe gezeugt wurde oder dass es in einer Situation aufwächst, welche ihm eine gedeihliche Entwicklung ermöglicht? Letzteres zu gewährleisten ist Ihre wichtigste Aufgabe. Dazu gehört auch, dem Kind die Möglichkeit zu geben, die Identität des Samenspenders und damit seine genetische Abstammung zu erfahren; eine Information, die für die Identitätsbildung und psychische Entwicklung große Bedeutung haben kann. Ihnen muss klar sein, dass wegen der besonderen Konstellation höhere Anforderungen auf Sie zukommen. Wenn Sie damit jedoch verantwortungsvoll umgehen, steht Ihrem Wunsch aus ethischer Sicht meines Erachtens wenig entgegen.

* * *

Claudia Wiesemann: Von der Verantwortung, ein Kind zu bekommen, C. H. Beck Verlag, München 2006.

Dieter Birnbacher: Gefährdet die moderne Reproduktionsmedizin die menschliche Würde? In: Anton Leist (Hrsg.): Um Leben und Tod – Moralische Probleme bei Abtreibung, künstlicher Befruchtung, Euthanasie und Selbstmord, Suhrkamp Taschenbuch, Frankfurt am Main 1990.

Marina Rupp (Hrsg.): Die Lebenssituation von Kindern in gleichgeschlechtlichen Lebenspartnerschaften. Aus der Reihe Rechtstatsachenforschung, hrsg. vom Bundesministerium der Justiz, Bundesanzeiger Verlag, 2009.

Nanette Gartrell und Henny Bos: US National Longitudinal Lesbian Family Study: Psychological Adjustment of 17-Year-Old Adolescents, Pediatrics 126 (2010), S. 28–36. Online abrufbar unter: http://www.pediatrics.org/cgi/content/full/126/1/28 (letzter Zugriff am 18. 10. 2010).

»Mein Sohn wurde mit meinem Auto geblitzt, er war zu schnell. Als Führerscheinneuling müsste er mit drei Punkten in Flensburg und einer Nachschulung rechnen, die ihn 600 Euro kosten würde. Er bittet mich nun, mich als Fahrer auszugeben. Damit würde ich nicht nur ihn, sondern auch das Familienvermögen schonen, weil ich nur 100 Euro zahlen müsste. Soll ich Elternliebe oder Strenge zeigen?«

Frank J., Berlin

Lassen wir einmal das Rechtliche beiseite, also auch die Frage, ob es Folgen für Sie haben könnte, wenn herauskäme, dass Sie gegenüber einer Behörde falsche Angaben machen und durch Täuschung verhindern, dass Ihr Sohn belangt wird.

Jenseits davon stehen sich aus moralischer Sicht zwei Prinzipien gegenüber: Familie und Strafe. Strafe jedoch nur im weitesten Sinn, weil die Nachschulung vor allem belehren und nicht bestrafen soll. Und selbst wenn man die Kosten als höhere Strafe für Fahranfänger ansähe, stünde auch hier der Zweck der Prävention im Vordergrund: also den Delinquenten von weiteren Verstößen ab- und zu regelgerechtem Fahren anzuhalten.

Andererseits muss man die Realität sehen, und da wirkt es trotz allem komisch, wenn Sie Ihren Sohn und das Familienvermögen nur aus Prinzip belasten. Sie sprechen von Elternliebe, und tatsächlich hat meines Erachtens der Zusammenhalt innerhalb einer Familie –

trotz aller fragwürdigen Aspekte dieses Gruppenegoismus – einen eigenen Wert. Ebenso wie das Gefühl Ihres Sohnes, bei Schwierigkeiten nicht alleingelassen zu werden.

Nur ist Ihr Sohn nicht völlig zufällig in den Mechanismus dieser Regelung geraten. Es gibt sie ja gerade, weil Fahranfänger häufig ihr Können überschätzen und deshalb vermehrt in Unfälle mit schweren Folgen verwickelt sind. Und Ihr Sohn hat sich – zum Glück nur bei der Geschwindigkeit – ziemlich durchschnittlich verhalten, also die statistischen Befürchtungen des Gesetzgebers erfüllt.

Deshalb käme meines Erachtens eine Mitwirkung an dieser geldsparenden Punkterochade nur in Frage, wenn Sie sich sicher sind, selbst bei Ihrem Sohn die Ziele dieser Nachschulung erreichen zu können: »eine risikobewusstere Einstellung im Straßenverkehr zu entwickeln und sich dort sicher und rücksichtsvoll zu verhalten«, wie es im Gesetz dazu heißt. Ohne Ihren Qualitäten als Vater zu nahe treten zu wollen: Das ist keine leichte Aufgabe. Erst recht nicht, wenn man kurz zuvor dabei geholfen hat zu beweisen, dass es immer noch ein Hintertürchen gibt.

* * *

Zum Familienzusammenhalt aus anthropologischer Sicht:

Christian Vogel: Vom Töten zum Mord, Hanser Verlag, München 1989, S. 52 ff.

»Mein Sohn besucht einen evangelischen Kindergarten. Dort sind auch muslimische Kinder, die kein Schweinefleisch essen dürfen, was bisher individuell geregelt wurde. Nun hat die Kindergartenleitung beschlossen, dass es der Einfachheit halber generell kein Schweinefleisch mehr geben wird. Ich habe nichts dagegen, dass manche Kinder aus religiösen Gründen auf Schweinefleisch verzichten, aber warum soll dies auch für meinen Sohn gelten? Darf ich gegen diese Regelung protestieren?«   *Karl R., Berlin*

Moment, dachte ich beim Lesen der Frage: ein evangelischer Kindergarten? Weil ich kurz darauf Wolfgang Huber, den ehemaligen EKD-Ratsvorsitzenden traf, fragte ich ihn und erhielt eine überraschende Auskunft: Dieser Fall sei doch fast wörtlich in der Bibel geregelt. Beim Apostel Paulus gehe es an zwei Stellen um die Frage, ob man Opferfleisch essen darf oder sich an das Verbot von unreinen Tieren – als solche gelten Schweine in Judentum und Islam – halten soll. Paulus lehnte entsprechende Verbote ab, meinte aber, für Christen sei aus Nächstenliebe die Rücksicht das Wichtigste: »Darum, so die Speise meinen Bruder ärgert, wollt ich nimmermehr Fleisch essen, auf dass ich meinen Bruder nicht ärgere« (I Korinther 8,13). Sowie: »So aber dein Bruder um deiner Speise willen betrübt wird, so wandelst du schon nicht nach der Liebe« (Römer 14,15).

So weit dazu. Daneben sehe ich aber noch einen zweiten Aspekt, den ich einmal so formulieren möchte: Vielleicht sollte der Kindergarten auch noch Kinder aufnehmen, die buddhistisch, hinduistisch oder im Jainismus erzogen werden. Dann wären vermutlich einige darunter, die aus religiösen Gründen vegetarisch leben, und konsequenterweise würde zu Mittag vegetarisch gekocht. Das wiederum schiene mir das Sinnvollste. Man muss sich klarmachen, dass es um fünf von 21 wöchentlichen Mahlzeiten geht, also um weniger als ein Viertel. Man kann ohnehin streiten, ob man nicht aus ethischen Gründen auf den Verzehr von Tieren verzichten sollte – ich finde, es spricht viel dafür. Auf jeden Fall aber sollte man es reduzieren. Gerade in einem Kindergarten: Zum einen ist es gesünder, zum anderen werden die derzeit vertilgten Fleischmengen ganz überwiegend mittels industrieller Tierhaltung hergestellt – mit massiven Folgen für die Tiere, die Umwelt und das Klima. Speziell das Klima geht vor allem zu Lasten der Kinder. Die geschmackliche Fleischkonditionierung zu durchbrechen und zu zeigen, dass man auch ohne Fleisch gutes Essen zubereiten kann, halte ich deshalb für eine wichtige erzieherische Aufgabe.

Bei fünf von 21 Mahlzeiten im Kindergarten bleibt – so man es unbedingt will – immer noch Raum genug für verantwortungsvollen Fleischgenuss im Sinne eines Sonntagsbratens. Der kann dann auch vom Schwein sein, muss es aber nicht.

* * *

Jonathan Safran Foer: Tiere essen, Verlag Kiepenheuer & Witsch, Köln 2010.
Sandra Forster (Hrsg.): Das vegane Kochbuch, Blumenbar Verlag, München 2009.

Julian Nida-Rümelin: Tierethik I. In: Julian Nida-Rümelin (Hrsg.): Angewandte Ethik. Die Bereichsethiken und ihre theoretische Fundierung. Ein Handbuch, Alfred Kröner Verlag, Stuttgart, 2. Auflage 2005.

Zum Standpunkt der evangelischen Kirche:

Zur Verantwortung des Menschen für das Tier als Mitgeschöpf. Ein Diskussionsbeitrag des Wissenschaftlichen Beirats des Beauftragen für Umweltfragen des Rates der EKD, EKD-Text 41, 1991. Im Internet abrufbar unter:
http://www.ekd.de/EKD-Texte/44656.html.

Auszug daraus:
(52) Überall, wo die Kirche mit ihren Einrichtungen, Häusern und Mitarbeitern in die Öffentlichkeit hineinwirkt, hat sie – ob sie will oder nicht – eine Vorbildfunktion. Diese Funktion ist auch im Blick auf einen schöpfungsverträglichen Lebensstil ernst zu nehmen; so hat beispielsweise eine Reihe von Evangelischen Akademien in ihren Speiseplänen das Fleischangebot deutlich eingeschränkt. Soweit in kirchlichen Anstalten landwirtschaftliche Betriebseinheiten bestehen, müssen Aufzucht und Haltung der Tiere artgerecht erfolgen und von liebender Sorge geprägt sein.

2. URLAUB UND FREIZEIT

»In diesem Jahr kann ich mir keinen Urlaub leisten. Um Freunde, Bekannte und Verwandte zu beeindrucken, habe ich mir von einem Freund in New York Ansichtskarten schicken lassen. Diese möchte ich beschriften, zu jenem Freund zurücksenden und von ihm dann in Amerika einwerfen lassen, so dass es den Anschein hat, als hätte ich ihn in New York besucht. Was ich zunächst für eine gute Idee hielt, fällt mir plötzlich aber nicht ganz leicht. Wie beurteilen Sie mein Vorhaben?«   *Peter B., Weilheim*

Manchmal beschleicht mich ein leises Misstrauen. Senden meine Leser mir wirklich nur ernst gemeinte Fragen, oder wollen sie mich manchmal auf den Arm nehmen? Nein, meinte die Redaktion, die Leser des SZ-Magazins seien vertrauenswürdig, für die lege man die Hand ins Feuer. Und überhaupt: Mit der Wirtschaft gehe es zwar aufwärts, aber nicht jeder könne sich alles leisten. Überall begegne man Bildern und Berichten aus fernen Ländern, da entstehe schon ein Druck, weil mancher nun dorthin fahren wolle. Bestimmt hätten sich schon viele Leser diese Frage gestellt, nur nicht einzusenden getraut.

Na gut, dachte ich, das wäre ja auch im Sinne des Klimaschutzes, statt des Urlaubers fliegen nur die Postkarten, derweilen wandert er selbst durchs Voralpenland. Gehen wir es deshalb an.

Was kann Ihnen Unbehagen bereiten? Dass Sie Ihre

Umgebung beeindrucken wollen? Wenn man das aus moralischen Gründen seinlassen müsste, könnten ganze Industriezweige wie das Autogeschäft einpacken, und die Frankfurter Buchmesse hätte in einem Pfarrsaal Platz. Aber vielleicht liegt es daran, dass Sie lügen. Ja, das tun Sie, denn Sie treffen, wenn Sie »Grüße aus New York« schreiben, eine »unwahre, mit dem Willen zur Täuschung vorgebrachte Aussage«, so die klassische Definition des Kirchenlehrers Augustinus. Bei ihm wären Sie unten durch, er verteufelte jegliche Lüge, aber vielleicht hätten Sie bei Luther bessere Karten. Der unterschied nämlich im Gefolge von Thomas von Aquin Nutz-, Scherz- und Schadenslügen und erachtete in seinen späteren Schriften nur mehr die Letztere als Sünde.

Was ist nun Ihre Kartenaktion? Ich würde sie als in diesem Sinne vertretbare Scherzlüge ansehen. Denn, seien Sie mir nicht böse, ernst nehmen könnte man Sie nach so einer Aktion ohnehin nicht mehr!

* * *

Rochus Leonhardt: Omnis homo mendax (Ps 116,11)? Das Problem der Lüge aus der Sicht der evangelischen Ethik. In: Rochus Leonhardt, Martin Rösel (Hrsg.): Dürfen wir lügen?, Neukirchener Verlag, Neukirchen-Vluyn 2002, S. 228 – 248.

»Eine befreundete Kunsthistorikerin machte kürzlich Urlaub in einem Ferienhaus in Südtirol, in dem eine Druckgrafik eines bekannten Künstlers hängt, um die 15 000 Euro wert. Der Besitzer hat das Haus von seinen Eltern geerbt, weiß aber offenbar vom Wert der Grafik nichts. Ich meinte, man müsste ihm das sagen, ehe jemand die Grafik stiehlt. Meine Freundin widersprach, da sie ihn ziemlich unsympathisch fand. Sie überlegt, das Haus noch mal zu mieten und ihm dann – falls er höflicher wäre – einen Tipp zu geben. Wie ist diese Haltung moralisch zu bewerten?«

Johanna W., Saarbrücken

So speziell Ihr Fall klingt, enthält er doch eine ganz klassische Fragestellung: Darf ich die Entscheidung, einem Mitmenschen zu helfen oder ihm einen Gefallen zu erweisen, von meiner Sympathie abhängig machen?

Warum nicht? Es erscheint mehr als naheliegend; zudem gründete der schottische Philosoph David Hume in seinem 1740 erschienenen einflussreichen Buch »Über Moral« eine Ethik ganz auf das moralische Gefühl. Hume zufolge kann die Vernunft allein moralisches Handeln nicht begründen. Entscheidend sei vielmehr die Sympathie. Allerdings unterschied Hume zwischen universellen und privaten Gefühlen. Während die universellen Gefühle – zum Beispiel das Gefühl, etwas sei lasterhaft oder verdorben – die Moral begründen könnten, seien die privaten – etwa die persönliche Abneigung – lediglich Ausdruck des Egoismus und der Selbstliebe.

Hier landet man nach dem Ausflug in die Philosophiegeschichte wieder beim wenig geschätzten Vermieter. Auch Ihre Freundin scheint ja ebenso wie Sie der intuitiven Meinung zu sein, im Grunde sollte man den Vermieter vor Schaden bewahren. Ein Standpunkt, den ich teile. Da der Besitzer den wahren Wert des Bildes nicht kennt, hat Ihre Freundin es dank ihres Wissensvorsprungs allein in der Hand, mit einem minimalen Aufwand – ein Satz am Telefon – einen hohen möglichen Verlust zu verhindern. Wenn sie nun nur deshalb davon abrückt, weil sie den Kunstverkenner unsympathisch findet, straft sie ihn ab, ohne dass er es weiß, und bedient damit egoistische, fast schon racheähnliche, spekulativ schadenfrohe Gefühle. Ohne diesen Aspekt könnte man vielleicht noch streiten, ob man wirklich verpflichtet ist, einem Menschen, dem man sich nicht verbunden fühlt, von sich aus zu helfen. Jemanden aus Abneigung absichtlich einem möglichen Schaden ausgesetzt zu lassen, geht jedoch deutlich einen Schritt zu weit.

* * *

David Hume: A Treatise of Human Nature, Vol. I: Of the Understanding (erschienen 1739), Vol. II: Of the Passions, Vol. III: Of Morals (erschienen 1740).
Band III »Über Moral« ist 2007 im Suhrkamp Verlag, Frankfurt am Main, in einer, von Herlinde Pauer-Studer kommentierten Ausgabe erschienen.

Weitergeführt hat Hume die Gedanken dann 1751 in dem Buch »An Enquiry Concerning the Principles of Morals – Eine Untersuchung über die Prinzipien der Moral«, erschienen in einer Übersetzung von Gerhard Streminger im Reclam Verlag, Stuttgart, 2. Auflage 2002.

»Bei meinem letzten Halbtages-Skiausflug (nachmittags)
bot mir am Parkplatz ein Skifahrer seine Tageskarte zum
Preis von 10 Euro an, weil er früher aufhören wollte. Die
reguläre Halbtageskarte hätte mich 20 Euro gekostet, also
habe ich die billigere gekauft. Hätte ich mich anders ver-
halten sollen?«   Bodo F., München

Für gewöhnlich befragen wir ja, wenn es um Spezialthe-
men geht, Spezialisten auf dem jeweiligen Gebiet. Hier
halten wir uns jedoch selbst für ausreichend kundig. Was
die Moral angeht, sowieso; in diesem Falle aber auch für
die äußeren Umstände. Denn das Durchforsten der eigenen Skiausrüstung förderte neben einer Menge verschieden alter UV-Schutz-Lippenstifte und Sunblocker auch
etliche Liftkarten zutage. Diese hatten alle eines gemeinsam: die Aufschrift »Nicht übertragbar«. Wer auch
immer eine solche Karte kauft, erwirbt damit das Recht
zum Liftfahren nicht für beliebig viele nacheinander,
sondern eben für einen. Das mag manchen ärgern, nur
haben das die Liftbetreiber nun einmal so fest- und auch
ihrer Kalkulation zugrunde gelegt. Die sähe anders aus,
würde jede Karte von der ersten bis zur letzten Minute
ausgeschöpft.
   Es ist auch nicht moralisch gerechtfertigt, sich darüber hinwegzusetzen, etwa unter Hinweis auf die zum
Teil saftigen Preise oder Artikel 141 der Bayerischen
Verfassung: »Der Genuss der Naturschönheiten und die

Erholung in der freien Natur, insbesondere das Betreten von Wald- und Bergweide ... und die Aneignung wild-wachsender Waldfrüchte ... ist jedermann gestattet.« Im Gegensatz zum Beerensammeln ist ein Grundrecht auf Liftfahren oder gepflegte Pisten nicht enthalten. Und für Puristen ist die Benutzung von Seilbahnen und anderen Aufstiegshilfen ohnehin unsportlich und damit unmoralisch im wahren Bergsinne; gleich, ob man nun regulär bezahlt hat oder nicht.

In dem Klassiker »Wunder des Schneeschuhs. Ein System des richtigen Skilaufens und seine Anwendung im Alpinen Geländelauf« von Arnold Fanck und Hannes Schneider, erschienen 1925 in Hamburg (!), findet sich der Satz: »Denn der sportliche Zweck des Abfahrens auf Skiern liegt nicht in der Tatsache der Überwindung des Hanges, sondern in dem Glücksgefühl während und nach dieser Überwindung.« Damit ist Ihre Frage praktisch schon beantwortet: Denn der moralische Zweck des Kartenkaufens liegt nicht in der Tatsache der Überwindung der Kontrolle, sondern in dem guten Gewissensgefühl während und nach dieser Überwindung.

»Auf dem Heimflug aus meinem Marokko-Urlaub hatte ich Ärger mit meinem Hintermann, weil ich meinen Sitz in die Liegeposition brachte. Er beklagte sich, ich riet ihm, seinen Sitz doch auch zurückzustellen, er war der Meinung, das ändere wenig, ihm sei und bleibe es zu eng. Zwischendurch rüttelte er immer wieder vehement an meinem Sitz. War es unmoralisch, die von der Airline angebotene Sitzposition zu beanspruchen?« Ralf N., Köln

Das ist das Tückische am Urlaub: Die Erholung ist oft viel zu schnell wieder aufgebraucht – wenn man Pech hat, bereits auf dem Rückflug. In diesen Momenten bedauert man besonders, dass sich das »Beamen«, wie wir es aus der Fernsehserie »Raumschiff Enterprise« alias »Star Trek« kennen, in der Realität noch nicht durchgesetzt hat. Andererseits stimmte dort ständig irgendetwas mit der Technik nicht, und die Protagonisten saßen deshalb in unwirtlichen Gegenden oder brenzligen Situationen fest – dafür braucht man kein Beamen, das kann man auch bei der Bahn haben. Oder eben beim Fliegen. Ob kosmische Anomalien der Grund für die Ausfälle sind oder Aschewolken und Nebel, macht für den Reisenden wenig Unterschied.

Nur zwei Geißeln des heutigen Reisens kennt das Beamen hoffentlich nicht mehr: Platzmangel und Mitreisende. Vor allem ihretwegen sind Hin- und Rückreise das Fegefeuer des Urlaubs. Man hadert: Warum muss das so sein? Vermutlich betreiben Fluggesellschaften ihre Jets aus der abgesaugten Erholungsenergie der Reisenden, weshalb sie auch die Sitzabstände minimieren und die Ruheposition als zusätzliches Ärgernispotential erfunden haben. Nichts wirkt so konfliktsteigernd wie Platzmangel: Man muss sich den gemeinsamen Platz teilen; und wer wissen will, wie tief der Widerwille gegen das Teilen sitzt, braucht nur zwei Kindern im Sandkasten eine rote Schaufel zu geben.

Das Perfide an der Situation aber ist: Ihr Hintermann fühlt sich von allem, was ich bisher geschrieben habe, genauso angesprochen wie Sie. Damit bleibt die Frage, wie Ihr Problem zu lösen ist. Der Kalauer, dass man aus moralischer Sicht sowieso aufrecht am besten ruht, ist weder gut noch hilfreich. Und auch wenn ich die Leute nicht mag, die, ohne sich um den Hintermann zu scheren, sofort nach dem Start ihre Lehne mit Wucht zurückknallen lassen – wirklich vorwerfen kann man die Benutzung der Ruheposition nicht. Schließlich gibt es sie genau zu diesem Zweck. Aber wollen Sie recht behalten oder Ihre Erholung schonen? Vermutlich wollen Sie sich schonen. Und dafür scheint mir sinnvoll, dass man, wie so oft, wenn es eng wird, am besten darüber spricht und sich konfliktvermeidend einigt. Also vielleicht, wenn es den Hintermann stört, den Sitz nur halb zurückneigt.

»Letzten Winter hatten wir eine Woche Skiferien auf dem Bauernhof gebucht. Beide Kinder wurden kurz vor Antritt der Reise krank, und wir mussten sehr kurzfristig absagen. Wir hatten der Wirtin angeboten, für den plötzlichen Ausfall zu bezahlen, aber sie meinte, mit Kindern könne so etwas immer passieren, wir müssten ihr nichts bezahlen und sollten einfach nächstes Jahr kommen. Eine edle Geste! Nun würden wir diesen Winter gern nach Schweden reisen, fühlen uns aber der Wirtin des Bauernhofs verpflichtet. Wissen Sie einen Weg aus dem Dilemma?«

Carsten M., Reutlingen

In der Ethik stehen sich zwei Betrachtungsweisen gegenüber: deontologische und teleologische Theorien. Letztere, wie zum Beispiel der Utilitarismus, gehen davon aus, dass die Einordnung »richtig« oder »falsch« davon abhängt, welchen Wert eine Handlung im Leben der Beteiligten »außermoralisch« hervorbringt.

Im Gegensatz dazu behaupten deontologische Ethiken, etwa Kants Pflichtenethik, mit den Worten des amerikanischen Moralphilosophen William K. Frankena ausgedrückt, »dass es jedenfalls auch andere Gesichtspunkte gibt, welche eine Handlung oder Regel zu einer richtigen oder pflichtgemäßen machen – Gesichtspunkte, die mit dem positiven beziehungsweise negativen Wert ihrer Konsequenzen nichts zu tun haben: gewisse Eigenschaften der Handlung selbst, abgesehen von den Werten, die sie schafft, etwa dass sie ein Versprechen erfüllt, der Gerechtigkeit genügt oder von Gott oder dem Staat geboten ist«.

Genau in diesem Gegensatz wurzelt Ihr Dilemma: Im weitesten Sinne haben Sie, als Sie das Verzichtsangebot der freundlichen Wirtin annahmen, versprochen, im Jahr darauf wiederzukommen. Dies wollen Sie nun nicht halten, aus deontologischer Sicht handeln Sie demnach schlecht. Allerdings wäre die Konsequenz daraus, dass Sie Ihren Urlaub dort verbringen, wo Sie nicht wollen, und Ihre getrübte Urlaubsfreude ließe umgekehrt die Erfüllung des Fast-wie-Versprechens teleologisch betrachtet auch moralisch schlecht aussehen. Was nun? Eine theoretische Lösung scheint schwierig, wenn Sie nicht statt des Skikurses einen Moralphilosophiekurs belegen wollen. Deshalb brauchen Sie eine praktische: Die könnte sein, die Wirtin anzurufen, ihr die Lage zu erklären und anzubieten, heuer den Ausfall zu bezahlen. Oder Sie fahren nächsten Winter zu ihr. Das dann aber wirklich.

* * *

William K. Frankena: Analytische Ethik, dtv, München 1972, S. 30 ff.

Christoph Hübenthal: B.1 Teleologische Ansätze, Einleitung, in: Marcus Düwell/Christoph Hübenthal/Micha H. Werner (Hrsg.): Handbuch Ethik, Verlag J. B. Metzler, Stuttgart 2002, S. 61 ff.

Micha H. Werner: B.2 Deontologische Ansätze, Einleitung, in: Marcus Düwell/Christoph Hübenthal/Micha H. Werner (Hrsg.): Handbuch Ethik, Verlag J. B. Metzler, Stuttgart 2002, S. 122 ff.

»Ich schnarche – sagt man. Im täglichen Leben ist das für mich kein Problem, aber auf meinen Wochenendtrips schon. Für gewöhnlich miete ich mich in Jugendherbergen ein, die häufig über Mehrbettzimmer verfügen. Einerseits denke ich, jeder muss mit einem Schnarcher im Zimmer rechnen, wenn er in Mehrbettzimmern übernachtet. Andererseits bekomme ich ein schlechtes Gewissen, wenn ich meinen Mitmenschen ihre Nachtruhe raube. Wie kann ich mich von diesem Dilemma befreien?« Jennifer W., Lüneburg

Was erwarten Menschen, die sich in einem Mehrbettzimmer einmieten? Wenn sie klug sind, andere Menschen mit allen ihren Eigenheiten, einschließlich des Schnarchens; denn es kommt, Studien zufolge, bei zehn bis sechzig Prozent aller Menschen vor, je nach Alter. Also tun die Mitschläfer nicht nur gut daran, mit Schnarchern zu rechnen, sie haben, als sie diese Form der Übernachtung wählten, in gewissem Sinne sogar zugestimmt, mit den natürlichen Geräuschen ihrer Mitmenschen konfrontiert zu werden. Insofern wäre alles in Ordnung.

Ein erstes kleines Zögern entsteht allerdings ob des Zusammentreffens der Begriffe »je nach Alter« und »Jugendherberge«. Tatsächlich belegen Untersuchungen, dass weniger als zehn Prozent der unter Zwanzigjährigen schnarchen, aber mehr als die Hälfte aller über Sechzigjährigen. Womöglich funktioniert das Konzept der Mehrbettzimmer in Jugendherbergen nur wegen des geringen Schnarcheranteils in der Zielgruppe. Andererseits darf die Frage, was man akzeptieren muss, nicht von der Häufigkeit abhängen; derartige Gedanken führen schnell zur Ausgrenzung von Minderheiten – oder hier: Älteren.

Wenn ich Ihnen am Ende dennoch dazu rate, möglichst ein Einzelzimmer zu buchen, dann wegen etwas, was mir sehr am Herzen liegt: Rücksichtnahme. Ich verstehe darunter eine Tugend, die das Zusammenleben entscheidend verbessern kann: sich einen Schritt weiter zurückzunehmen, als es die Rechte der anderen zwingend erfordern. In der Tat mag in der Grundidee des Mehrbettzimmers enthalten sein, dass auch Schnarcher darin übernachten. Rücksichtsvoll ist es hingegen, auf sein Recht, dort zu nächtigen, zu verzichten, wenn man sicher weiß, dass man dabei Wälder niedersägen wird: Sonst erkauft man sich die eigene Nachtruhe mit der Schlaflosigkeit seiner Umgebung.

* * *

Leitlinien der Deutschen Gesellschaft für Hals-Nasen-Ohren-Heilkunde, Kopf- und Hals-Chirurgie: Diagnostik und Therapie des Schnarchens des Erwachsenen, vom 25.11.2009, AWMF-Leitlinien-Register Nr.017/068; online abrufbar auf den Seiten der Arbeitsgemeinschaft der Wissenschaftlichen Medizinischen Fachgesellschaften (AWMF) www.awmf.de.

3. BERUF UND ARBEIT

»Vor einem Jahr verlor ich – Alleinverdiener, Frau und Kinder – meinen Job in einer Umwelttechnik-Firma: ein Gebiet, das mir auch privat wichtig ist. Wir versuchen, umweltbewusst zu leben, fliegen nicht, kaufen lokale Produkte usw. Nun wurde mir eine sehr gut bezahlte Stelle bei einem deutschen Autobauer angeboten. Bin ich es der Familie schuldig, den Job anzunehmen, oder ist es verantwortbar, umweltpolitischen Zielen treu zu bleiben?«

Rainer W., Konstanz

Von wegen Lehrbuchfälle seien wirklichkeitsfremd – Ihr Problem erinnert doch sehr an ein Dilemma, das der Moralphilosoph Bernard Williams entwickelt hat: Chemiker George, dessen Familie unter seiner Arbeitslosigkeit leidet, wird ein gutbezahlter Job in einem Chemiewaffenlabor angeboten. Wenn George – entschiedener Gegner derartiger Waffen – den Job nicht annimmt, wird es ein anderer Chemiker tun, der diese Skrupel nicht kennt, und die Forschung beflügeln.

Williams nutzt dieses Beispiel, um den Utilitarismus, die Nützlichkeitsethik, zu kritisieren, die bei der Bewertung nur auf das Ergebnis blickt. Tatsächlich wäre George nach utilitaristischer Betrachtungsweise moralisch gehalten, den Job gegen seine innersten Überzeugungen anzunehmen. Das aber, so Williams' Kritik, stellt einen Angriff auf seine Integrität dar.

Bevor nun die Verbandsjuristen zur Feder greifen: Keinesfalls will ich die Autoindustrie mit Chemiewaffen in einen Topf werfen, die Parallele sehe ich nur beim Handeln gegen eigene Überzeugungen. Womöglich könnten Sie bei der Entwicklung energiesparender Fahrzeuge in der Summe sogar mehr für die Umwelt leisten als bisher. Nur – und das ist die Erkenntnis aus Williams' Fall – müssen Sie dabei noch in den Spiegel schauen können. Das Problem entsteht durch die persönlichen Überzeugungen Ihres Gewissens – zu denen auch Ihr Familiensinn gehört – und kann nur dort gelöst werden.

Ich persönlich halte das Bauen von Autos nicht für so verwerflich, aber ich muss morgens mein Gesicht waschen, nicht Ihres. Hätten Sie schlicht keine Lust, Autos zu entwickeln, wäre das etwas anderes. Aber von Ihnen zu verlangen, gegen eigene Überzeugungen zu leben, ginge mir zu weit. Was das Arbeitsamt dazu sagt und welche finanziellen Folgen Sie gewillt sind, dafür zu tragen, steht auf einem anderen Blatt. Das müssen Sie zusammen mit Ihrer Familie klären.

* * *

Bernard Williams: Kritik des Utilitarismus, Klostermann Verlag, Königstein im Taunus 1979.

»Eine Freundin von mir führt seit vielen Jahren den Haushalt eines älteren Ehepaars. Vor einiger Zeit half ich ihr beim Putzen. Im Arbeitszimmer des Hausherrn stieß ich in einer schwer einsehbaren Ecke auf ein Porträt von Adolf Hitler. Ich staubte es nicht ab, was bestimmt niemandem auffallen wird. Ich aber frage mich seitdem, ob es korrekt war, das Hitler-Bild nicht zu reinigen, da ich ja für das Staubwischen bezahlt wurde. Um Unstimmigkeiten zu vermeiden, habe ich nicht mit den Hausbesitzern über den Vorfall gesprochen.« Hildegard K., München

Das Entstauben von Hitler-Bildern birgt erhebliche Risiken: Der letzte weithin bekanntgewordene Versuch erschütterte vor 25 Jahren die Illustrierte Stern, als man dort meinte, wegen der später als Fälschung entlarvten Hitler-Tagebücher müsste nicht nur der Führer selbst in ein neues Licht gerückt, sondern gleich ein großer Teil der deutschen Geschichte umgeschrieben werden. Ihre Entdeckung in der Schmuddelecke hingegen hat lediglich die Arbeitgeber Ihrer Freundin in ein neues, unschönes Licht gerückt.

Das scheint mir zur Lösung Ihrer Frage hinzuführen, die eigentlich in zwei Richtungen zielt: Hätten Sie Ihren Job machen sollen? Oder hätten Sie umgekehrt den Hausherrn zur Rede stellen sollen, was ihn dazu bewogen hat, sich das Bild eines Massenmörders an die Wand zu hängen? Tatsächlichen Klärungsbedarf sähe ich, wenn Sie nicht nur einmalig, sondern länger im Haus tätig wären. Für mich wäre es entscheidend für den Verbleib an einem Arbeitsplatz, ob der Chef eine intolerable politische Einstellung aufweist oder nur schlechten Humor.

Und Sie als Aushilfe? Ob Sie noch einmal dort einspringen wollen, können Sie sich gut überlegen. Strafbar macht sich der Hausherr mit der eigenwilligen Dekoration seiner Privaträume nicht, deshalb würden Sie mit dem Polieren auch keine kriminelle Beihilfe leisten; dennoch lagen Sie meines Erachtens völlig richtig mit Ihrer Weigerung, falsche Glanzpunkte zu setzen. Pflichterfüllung mag eine Tugend darstellen, als sogenannte Sekundärtugend ersetzt sie jedoch keine Werte und Überzeugungen. Wenn Sie diese wie hier verletzt sehen, scheint mir Ihre fast schon schwejkesk anmutende minimale Variante von zivilem Ungehorsam keinesfalls übertrieben. Ob eine klare Unmutsäußerung irgendetwas bewirkt hätte, kann man nicht sagen, fehl am Platze wäre sie allerdings auch nicht gewesen.

»Durch Zufall habe ich erfahren, dass meine Arbeitskollegin für dieselbe Arbeit deutlich weniger bekommt als ich. Obwohl wir gleich alt und gleich lang angestellt sind, eine fast identische Ausbildung haben und beide keine Familie. Ich arbeite nicht auffallend besser, so dass mir keine andere Erklärung einfällt als unser unterschiedliches Geschlecht. Soll ich nun meine Kollegin über die ungleiche Bezahlung informieren?« Tom E., Hamburg

»It was the nightingale, and not the lark, / That pierced the fearful hollow of thine ear;« – »Es war die Nachtigall und nicht die Lerche, / Die eben jetzt dein banges Ohr durchdrang.« Wie sehr Julia es auch beteuern mag, am Ende wird es sich zeigen, dass es doch die Lerche war. Ihr Gesang war es, der eindrang in die Höhle von Romeos Ohr – und dort den nahen Tag verriet.

Was das hier soll? Offensichtlich schildert Shakespeare hier einen frühen Fall von Kleinstraum-Whistleblowing. Und genau darum geht es bei Ihnen. Mit »Whistleblower« bezeichnet man in der Wirtschaftsethik jemanden, der wie ein Schiedsrichter mit einem Pfiff auf ein regelwidriges Verhalten in seinem Bereich hinweist und dabei notgedrungen meist vertrauliche Informationen veröffentlicht. Und auch Sie fragen sich, ob Sie Ihre Stillschweigensvereinbarung brechen dürfen – zumindest bis in das dann wohl weniger bange als vielmehr verärgerte Ohr Ihrer Kollegin. Gerechtfertigt wäre das, wenn Sie damit einen Missstand abstellen können, besonders dann, wenn das Stillschweigen in erster Linie dazu dient, den Missstand zu ermöglichen.

Trifft das hier zu? Ein Personalverantwortlicher eines großen Unternehmens sagte mir, das ungeschriebene Gesetz, die Höhe seines Gehalts für sich zu behalten – wenn sie sich nicht ohnehin aus Tarifverträgen ergibt –, diene in erster Linie dem Betriebsfrieden. Die Veröffentlichung der außertariflichen Gehaltslisten könnte vermutlich ganze Firmen zur Explosion bringen. Jedoch würden tatsächlich nach wie vor Frauen bei der Bezahlung benachteiligt, was leichter fällt, wenn es nicht publik wird. Daneben gebe es aber auch eine Reihe von sachlichen Gründen für vermeintlich unerklärliche Gehaltsunterschiede: vom simplen Verhandlungsgeschick bis hin zur unterschiedlichen Einschätzung des Entwicklungspotentials des oder der Angestellten.

Woran es in diesem Fall liegt, kann man von außen letztlich nicht beurteilen. Aber Ihr Anliegen, Diskriminierung zu verhindern, hat hohes moralisches Gewicht. Deshalb halte ich es für vertretbar, das Lied der Lerche in der Morgendämmerung der Gleichberechtigung zu singen.

* * *

Nach neuerer Rechtsprechung ist ein Arbeitnehmer trotz sogenannter Schweigeklausel berechtigt, über sein Gehalt zu sprechen (Landesarbeitsgericht Mecklenburg-Vorpommern, Urteil vom 21. Oktober 2009, Az. 2 Sa 237/09). Die Richter beziehen sich in dem Urteil ausdrücklich darauf, dass der Gleichbehandlungsgrundsatz, den ein Arbeitgeber zu beachten hat, nur dann wirksam durchgesetzt werden kann, wenn Arbeitnehmer auch über ihr Gehalt sprechen dürfen. So sei eine Schweigeklausel »unwirksam, da sie den Arbeitnehmer daran hindert, Verstöße gegen den Gleichbehandlungsgrundsatz im Rahmen der Lohngestaltung gegenüber dem Arbeitgeber erfolgreich geltend zu machen«.

»Stimmt es, dass Talent verpflichtet? Ich höre diesen Satz immer wieder, und auch die Redewendung vom verschleuderten Talent deutet ja an, dass es negativ sei, eine Veranlagung nicht zu nutzen. Aber habe ich wirklich eine moralische Verpflichtung, das Potential eines mir geschenkten Talentes auszureizen? Oder darf ich es nach Belieben brachliegen lassen?«

Bernd U., Erlangen

Für Aristoteles wäre die Antwort klar gewesen. Für ihn lag in der Entfaltung der Talente das höchste anzustrebende Ziel: »...dann ist das Gute für den Menschen die Tätigkeit der Seele aufgrund ihrer besonderen Befähigung, und wenn es mehrere solche Befähigungen gibt, nach der besten und vollkommensten; und dies außerdem noch ein volles Leben hindurch. Denn eine Schwalbe macht noch keinen Frühling, und auch nicht ein einziger Tag; so macht auch ein einziger Tag oder eine kurze Zeit niemanden glücklich und selig.«

Immanuel Kant betrachtete es als »unvollkommene Pflicht« gegenüber sich selbst. Wer in sich ein Talent finde, »welches vermittelst einiger Cultur ihn zu einem in allerlei Absicht brauchbaren Menschen machen könnte«, es aber vorzieht, »lieber dem Vergnügen nachzuhängen, als sich mit Erweiterung und Verbesserung seiner glücklichen Naturanlagen zu bemühen«, der könne, so Kant, unmöglich wollen, »dass dieses ein allgemeines

Naturgesetz werde«. »Denn als ein vernünftiges Wesen will er nothwendig, daß alle Vermögen in ihm entwickelt werden, weil sie ihm doch zu allerlei möglichen Absichten dienlich und gegeben sind.«

Was will man angesichts der einhelligen Meinung dieser beiden Schwergewichte noch sagen? Vielleicht das: Auch wenn es vermessen klingt, ich kann ihnen nicht zustimmen. Sie vernachlässigen beide aus meiner Sicht einen ganz zentralen Wert: die Freiheit des Einzelnen. Es mag unklug sein, seine Talente zu vernachlässigen, und unvernünftig. Aber es ist nicht unmoralisch. Jedermann hat, solange kein anderer geschädigt wird, ein Recht auf Unvernunft, ist seines eigenen Unglücks Schmied. Und wer meint, man dürfe Talente nicht verschwenden, weil man sie geschenkt bekommen hat – von Gott oder der Natur, je nach Einstellung –, verwechselt Geschenke mit Hypotheken: Die einen muss man abzahlen, die anderen nicht.

* * *

Aristoteles: Nikomachische Ethik, 1. Buch, 1098 a 16–20, übersetzt von Olof Gigon, dtv 1991.

Immanuel Kant: Grundlegung zur Metaphysik der Sitten, Akademieausgabe, S. 421.

Eine sehr gute Erläuterung bietet:

Immanuel Kant: Grundlegung zur Metaphysik der Sitten, Kommentar von Christoph Horn, Corinna Mieth und Nico Scaranao, Suhrkamp Studienbibliothek 2, Suhrkamp Verlag, Frankfurt am Main 2007.

»Mein Arbeitgeber, ein großer Konzern, möchte sich sozial engagieren. Wir Mitarbeiter sollen Asylbewerbern und anderen Bedürftigen helfen; einen Teil der aufgewendeten Zeit bekommen wir bezahlt. Das Ganze dient laut interner Kommunikation dazu, ›Außenwirkung und Image zu verbessern‹, und wird von PR-Getöse begleitet. Ich frage mich, wie man das moralisch bewerten soll. Ist soziales Handeln stets zu begrüßen, ganz egal, welche Beweggründe dahinterstehen? Oder entwerten die leicht zu durchschauenden Absichten des Unternehmens die ganze Aktion?«   *Klaus M., München*

Ihre Bedenken kann ich sehr gut nachvollziehen. Natürlich hilft jede Stunde sozialer Arbeit, ein wenig Not zu lindern, und das Engagement vieler Bürger lässt sich gar nicht genug schätzen. Dennoch würde ich es hier mit Kant und seiner berühmten Definition halten wollen, wonach nur eines als gut angesehen werden kann: ein guter Wille. Einer Aktion allein zur Imagepflege oder Personalentwicklung fehlt es jedoch an gutem Willen, außer dem fürs eigene Wohl; die Hilfsbedürftigen werden sogar für diese Zwecke instrumentalisiert.

Besonders schwierig wird es dann, wenn das Ganze nur ein schlechtes Image ausbeulen soll. Getreu dem Motto: mit der einen Hand Suppe ausschenken und in die Kamera lächeln, während man mit der anderen Mitarbeiter auf die Straße setzt oder Altöl in den Gully kippt.

Wenn ich solchen Aktivitäten dennoch etwas abgewinnen kann, liegt es daran, dass sie trotz aller Fragwürdigkeiten geeignet sind, einer der Hauptbedrohungen unserer Gesellschaft entgegenzuwirken: dem Auseinanderbrechen. Gutbezahlte Mitarbeiter und Führungskräfte können bei sozialen Arbeiten die Realität jenseits ihrer Cabriofenster kennenlernen: Sorgen und Nöte von Menschen, die sie sonst kaum treffen würden, deren Leben die Wirtschaft jedoch entscheidend mitgestaltet. Daneben bekommen diejenigen, denen geholfen wird, das Gefühl, als Mitbürger anerkannt und nicht aus der Gesellschaft ausgeschlossen zu werden.

Soweit es um diesen Aspekt geht, begrüße ich das Engagement der Firma und ihrer Mitarbeiter. Allerdings dürfen Schlagwörter wie »Corporate Social Responsibility« nicht lediglich als Feigenblätter dienen, sondern müssen wirklich das unternehmerische Handeln leiten. Denn auf die Dauer werden sich weder Wirtschaft noch Gesellschaft den Verzicht auf eine ernsthafte Auseinandersetzung mit diesen Fragen leisten können.

* * *

Immanuel Kant, Grundlegung zur Metaphysik der Sitten. Reclam Verlag, Stuttgart 1984, S. 28, Akademieausgabe Band IV, S. 393.

Anja Pinter: Corporate Volunteering als Instrument zur strategischen Implementierung von Corporate Social Responsibility. In: Martin Müller und Stefan Schaltegger (Hrsg.): Corporate Social Responsibility. Trend oder Modeerscheinung, Oekom Verlag, München 2008, S. 193 – 209.

»Mich stört es, wenn Fußballer nach Toren nicht jubeln, weil sie sich der gegnerischen Mannschaft ›verbunden‹ fühlen. Der in Polen geborene Miroslav Klose jubelt nicht, wenn er gegen Polen trifft, ebenso wie Lukas Podolski, der sich auch nach Toren gegen seinen Ex-Verein Köln nicht freut. Genauso der Bremer Claudio Pizarro, wenn er gegen seinen früheren Verein, den FC *Bayern, Tore schießt. Ich finde das affig. Hat man nicht die verdammte Pflicht, sich zu freuen? Ist es nicht unfair, den Mannschaftskameraden zu zeigen, dass man nicht mit ganzem Herzen dabei ist?«*

Balthassar M., Pforzheim

In einer Folge der amerikanischen Cartoons »Die Peanuts« herrscht Lucy ihren Freund Charlie Brown an: »Lächle!« Auf dem nächsten Bild steht der arme Charlie Brown da und versucht krampfhaft zu lächeln, während Lucy sagt: »Ich bin eine positive Kraft.« Was das hier soll? So ähnlich stelle ich es mir vor, wenn ein Fußballer sich aus »verdammter Pflicht« auf Befehl freuen soll.

Andererseits ist Fußball ein knallhartes Geschäft; Spieler werden mit Millionensummen »gekauft«. In der Wirtschaft erwartet man aber, dass, wer seinen Job wechselt, sich von da an mit der neuen Position identifiziert. Er soll sich selbstverständlich über die Erfolge dort freuen und nicht mit dem Herzen bei der alten Firma bleiben. Mit Ausnahmen: Als der damalige Transnet-Vorsitzende Norbert Hansen im Mai 2008 als Personalvorstand zur Bahn ging, also die »Fronten wechselte«, war die Empörung groß. Viele sprachen von »Verrat«. Wieso die Aufregung? Weil es da um mehr ging als um einen Job. Den Gewerkschaftsvorsitz verbindet man neben einer Grundeinstellung mit Emotionen: Brüderlichkeit beinhaltet mehr als einen Verteilungsmaßstab.

Beim Fußball ist es vermutlich genauso. Auch da sind – habe ich mir sagen lassen – Gefühle im Spiel, und die sollten nicht käuflich sein. Ein Fan bleibt seiner Mannschaft normalerweise ein Leben lang treu. Umso mehr müsste das für einen Spieler gelten. Es spräche also eher gegen ihn, wenn er von einem Tag auf den anderen plötzlich ganz anderes empfände. Es machte ihn und damit den Sport vollends zur Ware.

Deshalb halte ich das von Ihnen kritisierte Verhalten sogar für sehr anständig: mit voller Kraft für die neue Mannschaft kämpfen und Tore schießen, sich aber beim Jubeln zurückhalten. England wird oft das Mutterland des Fußballs genannt, und von dort kommt auch ein schöner Begriff für diese faire Haltung: Sportsmanship.

»Ich habe vor einiger Zeit geheiratet, ohne im Büro davon
groß zu erzählen. Nun wurde ich von einer Kollegin gefragt,
wann ich endlich eine Feier mache, damit sie mir mein
Geschenk übergeben könnten. Muss ich nun doch feiern?
Mir geht es nicht um das Geschenk, sondern um die Kolle-
gen, die sich daran beteiligt haben und sich vielleicht wun-
dern, warum ich mich noch nicht bedankt habe. Was soll
ich tun?«   *Frank U., Worms*

»No man is an island – Niemand ist eine Insel.« Populär wurde dieser Satz durch die Verfilmung von Nick
Hornbys Roman »About a Boy«. Will Freeman, gespielt
von Hugh Grant, widerspricht dort und betont, dass er
sehr wohl eine Insel sei, nämlich Ibiza. Die Sentenz
selbst stammt vom englischen Renaissancedichter John
Donne, der es schaffte, in demselben Absatz seiner
Meditation XVII aus dem Jahr 1624 noch eine zweite
Wendung für die Nachwelt zu prägen: »For whom the
bell tolls – Wem die Stunde schlägt«.

Inhaltlich beschreibt das Bild von der Insel, dass
man – ob man will oder nicht – mit seinen Mitmenschen in einer sozialen Beziehung steht. So auch Sie mit
Ihren Kollegen. Damit kann man sein Handeln nicht
mehr losgelöst von den anderen und auch von deren Vorstellungen betrachten, ohne dem allerdings völlig aus-
geliefert zu sein.

Was bedeutet das hier? Ein Geschenk zur Hochzeit

stellt keinen unzulässigen Übergriff ins Privatleben dar, sondern hält sich im sozialen Rahmen. Dass Ihre Kollegen es Ihnen nicht mit der Hauspost schicken, sondern überreichen wollen, scheint auch verständlich. Damit aber wären Sie, da Sie keine Insel sind, in der Pflicht, auf die Anteilnahme zu reagieren. Nicht zwangsweise mit einer Feier, aber vielleicht mit einer wie auch immer gearteten Form von Miteinander – und seien es ein paar Salzstangen oder eine Flasche billigen Proseccos.

Allerdings geht mir das am Ende doch zu weit. Es mag psychologisch oder soziologisch unklug sein, sich derart zu isolieren, schließlich verbringt man mit seinen Kollegen meist mehr Zeit als mit der eigenen Familie. Aber eine echte moralische Pflicht will ich an dieser Stelle einfach nicht formulieren, dazu schätze ich die Freiheit des Einzelnen zu sehr. Ja, es wäre nett, auf die Erwartungen Ihrer Kollegen zu reagieren, aber ein Geschenk sollte den Beschenkten bereichern, nicht verpflichten. Außer zu einem »Danke«.

* * *

About a boy oder: Der Tag der toten Ente, Regie: Chris und Paul Weitz, GB/F/USA 2002.

John Donne: Devotions upon Emergent Occasions, London 1624, vielfach nachgedruckt und in vielen Ausgaben erhältlich.

Aus der Meditation XVII:

»No man is an island, entire of itself; every man is a piece of the continent, a part of the main. If a clod be washed away by the sea, Europe is the less, as well as if a promontory were, as well as if a manor of thy friend's or of thine own were. Any man's death diminishes me because I am involved in mankind; and therefore never send to know for whom the bell tolls; it tolls for thee.«

»Niemand ist eine Insel, in sich selbst vollständig; jeder Mensch ist ein Stück des Kontinentes, ein Teil des Festlands. Wenn ein Lehmkloß in das Meer fortgespült wird, so ist Europa weniger, gerade so als ob es ein Vorgebirg wäre, als ob es das Landgut deines Freundes wäre oder dein eigenes. Jedes Menschen Tod ist mein Verlust, denn mich betrifft die Menschheit; und darum verlange nie zu wissen, wem die Stunde schlägt; es gilt dir selbst.«

Zur Begründung einer Ethik aus sozialen Beziehungen heraus siehe:

Anton Leist: Ethik der Beziehungen, Akademie Verlag, Berlin 2005.

4. VERKEHR UND MOBILITÄT

»Ich fahre täglich über die Autobahn von der Arbeit nach Hause. In der Regel staut sich zu dieser Tageszeit an einem Autobahnkreuz der Verkehr. Ich nehme die Abfahrt und biege dann aber nicht ab, sondern fahre nach dem Autobahnkreuz wieder auf dieselbe Autobahn auf. Somit komme ich an vielen wartenden Autos vorbei und muss weniger lange im Stau stehen. Ist das Verhalten unmoralisch, da ich mich nicht hinten in der wartenden Autoschlange anstelle?«   *Michael D., Leverkusen*

Um ehrlich zu sein, auch wenn Sie nichts Verbotenes tun, Ihr trickreiches Vorgehen gefällt mir nicht. Relativ unproblematisch wäre es noch, wenn Sie wirklich den Stau umfahren. Falls Sie nach der Engstelle wieder auf die nun freie Autobahn kommen und nicht als Einfädler den Stau noch verstärken, schädigen Sie niemanden. Haariger wird es, wenn Sie sich auf diese Weise einfach weiter vorn in dieselbe Schlange einordnen. Dann müssen diejenigen, an denen Sie vorbeigezogen sind, länger warten und so direkt für Ihren Vorteil bezahlen – mag er noch so legal erworben sein.

Auch bei der Nagelprobe der Universalisierung gibt es ein paar Verwerfungen: Was, wenn das jeder macht? Für diese Überlegung muss man gar nicht so weit gehen, dass alle von einer dann verwaisten Autobahn abzweigen. Doch kann Ihr Trick nur funktionieren, wenn wenige so handeln wie Sie, sonst würden Ab- und Auffahrt genauso verstopft. Das verstärkt die Bedenken.

Am meisten und entscheidend stoße ich mich jedoch an der Einstellung, die hinter der Aktion steht: dem Verlangen, möglichst immer das Beste für sich herauszuholen. Der griechische Philosoph Epiktet hat ein wunderbares Handbüchlein der Moral hinterlassen, in dem er stoische Gelassenheit empfiehlt: »Bedenke: Du musst dich im Leben wie bei einem Gastmahl verhalten. Wird etwas herumgereicht und es kommt zu dir, strecke die Hand aus und nimm bescheiden deine Portion. Ist etwas, das du gern hättest, noch nicht bei dir angekommen, richte dein Begehren nicht weiter von der Ferne darauf, sondern warte, bis die Reihe an dir ist.« Hält man das in Bezug auf andere Dinge des Lebens genauso, so würde man, meint Epiktet, »einst ein würdiger Tischgenosse der Götter sein«. Dafür nun, für die Göttertafel, dürfte Sie Ihre Vorfahraktion, bei der Sie weit nach vorn greifen, schwerlich empfehlen.

* * *

Epiktet: Handbüchlein der Moral, erschienen beispielsweise im Reclam Verlag, Stuttgart.

»Vor einigen Tagen fuhr ich mit der S-Bahn aus dem Zentrum nach Hause und stellte beim Aussteigen fest, dass ich vergessen hatte, die Streifenkarte abzustempeln – also schwarzgefahren bin. Erst mal war ich heilfroh, nicht erwischt worden zu sein. Dann überlegte ich, was ich mit der nicht gestempelten Fahrkarte tun sollte, und fragte abends beim Bier zwei Freunde, ob ich sie nachträglich entwerten sollte. Der eine meinte, wenn ich das täte, sei ich ein moralisches Vorbild, der andere sagte, dann sei ich schlicht ein Idiot. Wer hat recht?«   *Ludger P., München*

Um diese Frage sollte ich einen Riesenbogen machen. Sie bringt mich in eine schwere Zwickmühle. Im Grunde kann nämlich kaum Zweifel bestehen, dass es richtig ist, die Fahrt nachträglich zu bezahlen.

Falls ich in meiner Stammbuchhandlung durch Zufall etwa Epiktets »Handbüchlein der Moral«, Garcia Marquez' »Hundert Jahre Einsamkeit« oder etwas von Thomas Bernhard zum ersten Mal in die Hand bekäme, zu lesen begönne und daraufhin so im Buch versunken wäre, dass ich gedankenverloren ohne zu zahlen nach Hause ginge, selbstverständlich käme ich so bald als möglich zurück und begliche meine Schuld. Wie ich es auch in meiner Lieblingskneipe tue, wenn mir am nächsten Tag einfällt, dass der Deckel noch offen steht – auch wenn es außer mir niemand mehr weiß. Man hat etwas bekommen, dafür zahlt man, und wenn man vergessen hat zu zahlen, zahlt man danach. So einfach. Und es fällt mir kein schlagendes Argument ein, warum es bei der Bahn grundsätzlich anders sein sollte.

Allerdings ist es der schlimmste Bärendienst, den man der Moral erweisen kann, Ansprüche zu erheben, die die Menschen überfordern. Die gegen das moralische Gefühl verstoßen und deshalb die Moral, statt sie ins Leben hineinzutragen und dort zu verankern, wirklichkeitsfremd abgehoben erscheinen lassen; sie dadurch umgekehrt aus dem Leben hinauskatapultieren. Ja, die Pflicht fordert nachzustempeln, aber dies von Ihnen aus moralischer Sicht zu verlangen, ginge sehr weit, mir persönlich zu weit. »Die völlige Angemessenheit des Willens aber zum moralischen Gesetze ist Heiligkeit, eine Vollkommenheit, deren kein vernünftiges Wesen der Sinnenwelt, in keinem Zeitpunkte seines Daseins, fähig ist«, schreibt Kant. Heilig sind wir alle nicht. Deshalb fände ich es wider besseres Wissen als ausreichend ... Ach, ich hätte doch einen Bogen um die Frage machen sollen.

* * *

Immanuel Kant: Kritik der praktischen Vernunft, Reclam Verlag, Stuttgart 1961, S. 194 (Akademieausgabe S. 220).

»Neulich hatte ich eine längere Zugfahrt, ich setzte mich auf meinen reservierten Platz und begann zu lesen. Wenig später bestieg eine Reisegruppe mit geistig behinderten Kindern den Wagen. Es wurde sehr lebhaft und laut, ich konnte mich nicht mehr auf mein Buch konzentrieren und verließ deshalb den Wagen. Das hätte ich bei jeder anderen lärmenden Gruppe (Kegelverein, Fußballfans, Love-Parade-Teilnehmer) genauso getan, dennoch beschlich mich ein schlechtes Gewissen. Zu Recht?«

Dirk S., Esslingen

In den Disability Studies, einem Wissenschaftszweig, der sich sozial- und kulturwissenschaftlich mit Behinderung beschäftigt, wird zwischen »Beeinträchtigung« und »Behinderung« unterschieden: Während eine »Beeinträchtigung« gesundheitlich oder funktional vorliegen kann, wird das Phänomen der »Behinderung« als etwas gesehen, das erst durch die systematische Ausgrenzung von Menschen mit Beeinträchtigungen entsteht – indem man ihnen eine Randgruppenexistenz zuweist und Barrieren gegen ihre Teilnahme an der Gesellschaft errichtet.

So kann man beispielsweise feststellen, dass die besondere Zuwendung und Förderung, die man behinderten Menschen auch in der Behindertenpädagogik zukommen lässt, auf der einen Seite eine ethische Forderung erfüllt. Auf der anderen Seite führt das aber häufig zu einer »Verbesonderung« und Absonderung. Auch in Ihrem Fall handelt es sich ja um eine Gruppe, die gemeinsam, vermutlich unter professioneller Führung, reist und schon dadurch von den übrigen Reisenden erkennbar abgegrenzt wird.

Eine Isolation gilt es zu vermeiden, und damit wird auch der Konflikt klarer: Wenn Sie den Wagen verlassen, isolieren Sie die Behinderten rein faktisch. Auf der anderen Seite tun Sie das inhaltlich, wenn Sie sie anders behandeln als andere lärmende Menschen.

Diese Erkenntnis zeigt den Weg zur Lösung: Das Verlassen des Wagens wäre schlecht, wenn es zu einer erkennbaren Verstärkung der Isolation führte, etwa weil die Mitreisenden scharenweise das Weite suchten oder Sie mit dem Ausdruck von Empörung oder Ablehnung Hut und Mantel packten. Wenn das aber nicht der Fall ist, sollten Sie die Gruppe ansehen und behandeln wie jede andere Gruppe von Menschen. Und wenn Sie vor einem lärmenden Kegelverein das Weite suchen würden, weil Sie lesen oder arbeiten wollen, dürfen Sie das auch guten Gewissens bei lärmenden Behinderten tun.

* * *

Markus Dederich / Wolfgang Jantzen (Hrsg.): Behinderung und Anerkennung, aus der Reihe: Behinderung, Bildung, Partizipation – Enzyklopädisches Handbuch der Behindertenpädagogik, Band 2, Kohlhammer Verlag, Stuttgart 2009.
Darin besonders: Markus Dederich: Behinderung als sozial- und kulturwissenschaftliche Kategorie, S. 15 – 39; Markus Dederich & Martin W. Schnell: Ethische Grundlagen der Behindertenpädagogik: Konstitution und Systematik, S. 59 – 83; Ingolf Prosetzky: Isolation und Partizipation, S. 88 – 95; Anne Waldschmidt: Disability Studies, S. 125 – 133; Detlef Horster: Anerkennung, S. 153 – 159.

Zur Bedeutung der Partizipation in der Gesellschaft:

Volker Gerhardt: Partizipation: Das Prinzip der Politik, C.H.Beck, München 2007.

Immer wieder mussten sich auch Gerichte mit von Behinderten ausgehendem Lärm beschäftigen, so z. B.:

OLG Köln, Urteil vom 8.1.1998 – 7 U 83/96, NJW 1998, 763 mit Anmerkung Wassermann, NJW 1998, 730; AG Kleve, Urteil vom 12.3. 1999 – 3 C 460/98, NJW 2000, 84; OLG Karlsruhe, Urteil vom 9.6 2000 – 14 U 19/99; AG Braunschweig, Beschluss vom 11.9.2006 – 34 II 10/04, NZM 2008; 172 LG Münster, Urteil vom 26.2.2009 – 8 O 378/08, NJW 2009, 3730.

»Ich sehe in der S-Bahn oft, dass Leute die Türen aufhalten, damit andere noch schnell hineinspringen können. Eigentlich finde ich das nicht gut, weil dann alle, die pünktlich sind, warten müssen auf jene, die zu spät kommen. Dadurch verzögert sich die Abfahrt des Zuges. Andererseits sind solche kleinen Akte der Menschlichkeit für unsere kälter werdende Gesellschaft vielleicht wichtig. Was meinen Sie?« Jan O., München

Man kann versuchen, diese Art spontaner Hilfsbereitschaft mit den klassischen Werkzeugen der Ethik zu untersuchen: Nach Kant etwa müsste man prüfen, was geschieht, wenn das Aufhalten zum allgemeinen Gesetz würde: Einerseits wäre kein Heraneilender mehr enttäuscht; andererseits könnte im Extremfall, falls an der Haltestelle nach und nach weitere Fahrgäste eintreffen, der Zug nie abfahren. Jedenfalls würden alle Fahrpläne Makulatur. Eine Berechnung von Nutzen und Schaden im Sinne des Utilitarismus wird schwierig: Addiert man die zusätzliche Wartezeit der einzelnen Fahrgäste, kommt womöglich weit mehr zusammen, als der Zurückgebliebene warten muss. Andererseits belasten jeden Einzelnen 10 oder 20 Sekunden Verzögerung der Abfahrt weniger als den einen 10 oder 20 Minuten bis zur nächsten Bahn.

Ein bisschen erinnern mich die Türaufhalter an einen Bankangestellten, der – um die Not in der Welt zu bekämpfen – nicht nur selbst spendet, sondern auch von den Konten der Kunden Geld überweist: Schließlich verdonnern die freundlichen Helfer in der S-Bahn die anderen Fahrgäste ungefragt zum Warten. Aus Sicht der Moral scheint also tatsächlich mehr gegen als für das Türenblockieren zu sprechen.

Aber Ihr Einwand der kälter werdenden Gesellschaft lässt mich zögern: In der Tat halte ich die kommunikativen Aspekte von Handlungen, also die Botschaft, die von ihnen ausgeht, für sehr wichtig. Freundliches wie unfreundliches Verhalten ist ansteckend, pflanzt sich fort. Dem Herankeuchenden durch die sich schließende Tür den kategorischen Imperativ vorzuhalten taugt nicht gerade als Werbung für Moral und Hilfsbereitschaft – anders als die freundliche Geste des Aufhaltens. Deshalb erachte ich gegen alle Bedenken das Aufhalten der Tür vielleicht nicht in der Regel, aber doch in Einzelfällen als moralisch vertretbar.

* * *

Immanuel Kant: Grundlegung zur Metaphysik der Sitten, Reclam Verlag, Stuttgart 1984, S. 68 (Akademieausgabe S. 421).

Otfried Höffe (Hrsg.): Einführung in die utilitaristische Ethik, Francke Verlag, Tübingen 1992.

»Der ICE am Freitagnachmittag ist meist total überfüllt, so dass man reservieren sollte, wenn man einen Sitzplatz möchte. Als ich neulich von Berlin nach Köln fuhr, stieg in Spandau eine alte Dame zu und bat mich sehr freundlich, ihr doch meinen Platz zu überlassen. In der U-Bahn wäre ich sofort aufgestanden, aber ich hatte noch vier Stunden Fahrt vor mir und keine Chance auf einen neuen Sitzplatz. Außerdem hatte ich für den Platz bezahlt. Die Dame hätte doch auch reservieren können, oder?« Gunnar K., Berlin

Das Problem der Vorsorge kennt man aus La Fontaines Fabel von der Grille und der Ameise: Die Grille hatte den ganzen Sommer lang gezirpt, während die Ameise fleißig war. Als dann der Winter kam und die Grille die Ameise bat, ihr von deren Vorräten abzugeben, fragte die Ameise nur, was die Grille im Sommer getan habe. Diese antwortete: »Durch mein Singen die Leute ergötzt«, worauf die Ameise zynisch meint: »Durch dein Singen? Sehr erfreut! Weißt du was? Dann tanze jetzt!«

Was bedeutet das nun genau? Über die Moral dieser Fabel lässt sich streiten, eher zu einem Ergebnis kommt man, wenn man die Alternativen durchdenkt. Sie schreiben selbst, dass Sie in der U-Bahn aufgestanden wären, nicht jedoch, wenn vier Stunden Fahrt vor Ihnen liegen. Das gilt aber auch umgekehrt: Soll die Dame vier Stunden stehen? Wahrscheinlich würde sie es körperlich schlicht nicht durchstehen. Natürlich hätte auch sie sich um eine Reservierung kümmern können; nur hilft das nicht weiter, wenn sie kurz vor Hannover im Gang zusammenbricht, weil Sie die hartherzige Ameise gegeben haben. Rekurse auf Versäumnisse in der Vergangenheit sind im Strafrecht und in der Erziehung sinnvoll und nützlich, sonst für das Zusammenleben meist nicht sehr förderlich.

Ich kann Ihren Unmut verstehen, nur sehe ich tatsächlich wenig andere Möglichkeiten. Wenn Sie dringend arbeiten müssen oder völlig erschöpft sind, verweisen Sie darauf und bitten Sie die Dame, jemand anderen zu fragen. Sonst aber müssen Sie wohl in den sauren Apfel beißen. Denn wenn jeder auf den Nächsten deutet, steht die Dame bis Köln. Ich würde allerdings den Schaffner ansprechen, ihm die Lage schildern und ihn fragen, ob es nicht noch einen Sitzplatz für Sie gebe. Es würde mich sehr wundern, wenn sich nicht spätestens ab dem nächsten Halt etwas für Sie fände.

* * *

Jean de La Fontaine: Fabeln, als zweisprachige Ausgabe erhältlich im Reclam Verlag, Stuttgart 1986; online abrufbar z. B. unter http://www.zeno.org/nid/20005225809.

»Während einer Radfahrt durch meine Heimat entdeckte ich Hinweisschilder auf eine Autoslalom-Veranstaltung, die gerade vorbereitet wurde. Ich stellte fest, dass die Hydranten neben der Strecke mit Altreifen abgesichert waren. Jedoch teilweise nur mit zwei Reifen, also nicht bis oben hin. Da ich noch vier Altreifen in meiner Garage hatte, holte ich diese und ›sicherte‹ zwei Hydranten davon nun mit meinen Reifen ab. Hätte ich meine Altreifen nach der Veranstaltung wieder abholen müssen?«

Franz G., Köln

An Tagen wie heute liebe ich meinen Job. Nicht nur, weil die Moralphilosophie so interessante Gedanken bietet, sondern vor allem wegen meiner Leser: Sie senden mir so wunderbar überraschende Fragen wie diese hier, Probleme, auf die ich in meinem Leben nie gekommen wäre. Nachgerade groteske Situationen mit Überlegungen, die dennoch eines ethischen Tiefgangs nicht entbehren. (Was übrigens, werte Zweifler, zugleich den Beweis für die Echtheit der Fragen liefert: Meine Phantasie reichte dafür schlicht nicht aus.)

Doch wollten Sie ja weniger etwas über meine Befindlichkeiten am Schreibtisch erfahren als vielmehr über Ihre Altreifenaktion. Und die kann man aus zwei Richtungen betrachten. Von der Seite des Ergebnisses her gesehen, haben Sie Gutes getan: Sie haben die Sicherheit der Fahrer erhöht, indem Sie die Abpufferung der nur teilgesicherten Hydranten verbesserten. Macht man sich dagegen, etwa im Sinne Kants, den ja allein der gute Wille interessierte, Gedanken über Ihren Beweggrund, beginnt man zu zögern. Leitete allein die Sorge um die Sicherheit der Fahrer Ihr Handeln, ändert sich an der positiven Einschätzung nichts. War diese Sorge dagegen nur zweitrangig und der Wunsch, Altreifen schnell und billig loszuwerden, eigentliche Triebfeder des Handelns, so spricht das für sich selbst: Anderen seinen Müll aufs Auge zu drücken wird nicht zur Segenstat, wenn es nebenher einen guten Zweck verfolgt. Was aber stand im Vordergrund? Sie haben die Spur zur Antwort schon gelegt: Der besorgte Slalomschützer wird nichts dabei finden, seine Reifen wieder abzuholen oder den Veranstalter deshalb anzusprechen. Bei dem, der das nicht tut, bekommt der Strahlenkranz des Gutmenschen leider ein paar Flecken von seinen unsauberen Motiven.

* * *

Immanuel Kant: Grundlegung zur Metaphysik der Sitten, Reclam Verlag, Stuttgart 1984, S. 28 ff. (Akademieausgabe S. 393 ff.).

5. LIEBE UND PARTNERSCHAFT

»Ich habe mich ziemlich heftig in einen Mann verliebt, so stark wie erst einmal in meinem Leben. Das Problem: Er hat seit über sechs Jahren eine Freundin. Wir haben uns vor einem Jahr rein freundschaftlich kennengelernt, aber langsam wurde immer mehr daraus. Für mich ist inzwischen klar, was er mir bedeutet, und ich glaube, auch ihn lässt die Sache nicht kalt. Meine Frage ist nun: Darf ich in dem Wissen, dass er bereits gebunden ist, ungeniert mit ihm flirten, mit dem eindeutigen Ziel, dass wir mehr werden als nur Freunde?«   Barbara B., Köln

»Love knoweth no laws«, schrieb der englische Renaissanceschriftsteller John Lyly 1579, woraus die Redeweise »All's fair in love and war« wurde – »Im Krieg und in der Liebe sind alle Tricks erlaubt.« Daneben vertrete ich die Meinung, dass ein volljähriger Mensch selbst wissen muss, was er tut, und damit hier, ob er auf ein Werben eingeht. Für die jetzige Partnerin gilt, dass sie kein verbrieftes Anrecht auf die Beziehung hat: Man kann einen Menschen nun einmal nicht besitzen. Als Romantiker wünsche auch ich nichts mehr als ewige Liebe, aber niemand kann ein Gefühl auf Dauer garantieren.

Gewiss, die langjährige Beziehung hat den Vorzug, dass sie sich bewährt hat, tragfähig ist, nicht nur eine kurze sexuelle Begierde. Auf der anderen Seite ist das, was viele Paare zusammenhält, vor allem Gewohnheit.

Das kann besser sein, als allein zu leben, aber es ist schlechter als echte Liebe, wenn die denn kommt. Die Chance auf diese echte dauerhafte Liebe darf man als Wert nicht vernachlässigen – zumal die Gefühle ja groß zu sein scheinen. Es spräche also so manches dafür, Ihnen grünes Licht zu geben.

Dennoch stört mich etwas. Vielleicht bin ich wirklich zu sehr Romantiker, aber für mich hat eine bestehende Beziehung – unabhängig von kirchlichen Treueschwüren – etwas Besonderes, fast Heiliges, ein Angriff darauf damit etwas Zerstörerisches, Teuflisches. Vielleicht ist es auch nur, dass ich eine Beziehung als etwas empfinde, was den Partnern gemeinsam gehört. Das kann nun jeder von beiden aufgeben, er bleibt ein freier Mensch – mit Verantwortung für den anderen und das Leid, das er ihm zufügt. Ein Außenstehender aber hat dieses Recht nicht, er darf den gemeinsamen Besitz der Partner nicht aktiv zerschlagen, um sich selbst amourös zu bereichern. Mein Fazit deshalb: Interesse bekunden, ja, alle Register ziehen, nein.

* * *

John Lyly: Euphues: The Anatomy of Wit (1578).

»Meine Freundin war bei mir zu Besuch und hat während dieses Aufenthalts beschlossen, sich von ihrem Mann zu trennen. Da sie nach dem Besuch nicht nach Hause fahren wollte, hat sie ihm die Neuigkeit per E-Mail mitgeteilt. Ich habe sie dabei nicht unterstützt, da ich ihr Verhalten nicht in Ordnung fand. Allerdings hat meine Freundin meinen PC und meine Mail-Adresse für den Trennungsbrief benutzt. Habe ich mich damit gegen ihren Mann gestellt? Oder habe ich loyal zu meiner Freundin gestanden?«

Carola B., Hannover

In der amerikanischen Fernsehserie »Sex and the City« dreht sich eine ganze Folge darum, dass die Hauptprotagonistin Carrie Bradshaw von ihrem Freund mittels eines kleinen gelben Post-it-Zettels den Laufpass erhält. »I'm sorry, I can't, don't hate me«, steht darauf. Carrie ist so verstört, dass sie einen Joint raucht und verhaftet wird. Der New Yorker Polizist, dem ja kaum eine Grausamkeit fremd sein dürfte, will zunächst gar nicht glauben, dass eine derart beiläufige Trennung möglich wäre, lässt Carrie aber mit den Worten »Wow, brutal« laufen, als sie zum Beweis den Zettel von innen an die Scheibe des Streifenwagens hält.

Das Mitgefühl des Polizisten ist nachvollziehbar: Verlassen zu werden gehört zu den größten Erschütterungen der Persönlichkeit, schnell entsteht dabei das Gefühl der eigenen Minderwertigkeit. Umso wichtiger ist es, dass die Form des Abschieds dieses Gefühl nicht noch verstärkt, sondern dem Partner vermittelt, trotz der Trennung »etwas wert zu sein«. Damit aber verbieten sich alle Kommunikationsmittel, die erfunden wurden, um Zeit und Mühen zu sparen, wie Post-its, SMS, aber eben auch E-Mail und meist sogar Telefon.

War es dann richtig, die Freundin an Ihren Computer zu lassen? Schließlich ist es deren Sache, wie sie ihre Beziehung führt und beendet, und Sie schulden ihr Loyalität. Ich finde: Nein. Ein Verhalten, das Sie für völlig falsch halten, sollten Sie auch nicht unterstützen. Grundsätze für das eigene Verhalten zu beachten bedeutet keine Einmischung in fremdes. Und ein Handeln gegen die eigene Überzeugung könnte die Loyalität nur gebieten, wenn die Person, der man sie schuldet, keine Alternative hat; das aber trifft hier nicht zu. Bildlich gesprochen: Wenn Ihre Freundin die Psyche ihres Mannes mit Füßen treten will, dann bitte in eigenen Schuhen.

* * *

Sex and the City, The Post-it Always Sticks Twice (6. Staffel, Folge 7, 2003).

»*Mein einziger und geschätzter Mitbewohner hat eine Freundin, für die die Bezeichnung ›langweilig‹ untertrieben ist. In letzter Zeit erzählt er mir immer mal wieder von Zweifeln an seiner Beziehung. Ich fange dann ganz schnell an abzuwaschen oder das Gewürzregal abzustauben, um mich vor einem Kommentar zu drücken. Eigentlich würde ich meinem Mitbewohner gern stecken, dass es meiner Ansicht nach Frauen gibt, mit denen er mehr teilen könnte. Aber nur weil ich die Frau unglaublich öde finde, habe ich doch nicht das Recht, seine Zweifel zu nähren, oder?*«

Christoph R., Regensburg

Kennen Sie das Traveling Salesman Problem, kurz TSP, in der Optimierungsforschung? Dabei versucht man für einen Handlungsreisenden eine optimale Reihenfolge seiner Besuchsorte mit möglichst kurzer Route festzulegen. Was zunächst einfach klingt, scheitert praktisch an der Vielzahl der Varianten: Da sie der Formel $(n-1)!/2$ folgt, gibt es bei 10 Städten mehr als 180 000 Möglichkeiten, bei 20 jedoch bereits über 120 Billiarden, eine Zahl mit 16 Nullen; es entstehen schnell Rechenmengen, die selbst Großrechner überfordern und praxisnahe Herangehensweisen mit Annäherungen nötig machen.

So ähnlich will es mir hier scheinen. Zunächst sehe ich widerstreitende Pflichten: die Pflicht, einem Freund zu helfen, die Verpflichtung zur Aufrichtigkeit sowie den Respekt vor der Privatsphäre anderer. Das wären wir gewohnt, doch damit sind die Variablen nicht erschöpft: Dem einem Freund ist mehr geholfen, wenn man ihm auf die Sprünge hilft, einem anderen, wenn man die Beziehung kittet. Dies liegt auch an subjektiven Bewertungen: Wie öde ist die Freundin wirklich? Wie viel Umtriebigkeit schätzt er? Was nimmt er auf sich, um nicht allein zu sein? Wie wichtig ist ihm das Urteil seiner Freunde? Dann die Unsicherheiten der Kommunikation: Berichtet der Mitbewohner von kleinen Schlaglöchern auf dem Weg ins Glück oder von einem unüberwindlichen Abgrund? Plaudert er nur, oder sucht er in Wahrheit einen Rat?

Ebenso wie beim Handlungsreisenden verhindern auch hier die vielen Variablen eine Patentlösung; man kann sich nur mehr annähern: Indem man auf den Mitbewohner eingeht und versucht, sein Anliegen genauer zu erkennen. Am Ende kann dann eine klare Aussage stehen oder aber der freundschaftliche Mantel des Schweigens. Als Ergebnis einer theoretischen Überlegung zu beschließen, weiter wortwörtlich darüber hinwegzuwischen oder seinen Senf dazuzugeben, scheint mir dagegen so sinnvoll, wie die Städte dem Alphabet nach anzufahren.

* * *

David L. Applegate, Robert E. Bixby, William J. Cook: The Traveling Salesman Problem: A Computational Study, Princeton Series in Applied Mathematics, Princeton 2007.

The Traveling Salesman Problem:
http://www.tsp.gatech.edu/
http://www.iwr.uni-heidelberg.de/groups/comopt/software/
TSPLIB95/ (letzter Zugriff jeweils am 15. 1. 2011).

*»Im Laufe verschiedener Beziehungen habe ich meiner je-
weiligen Partnerin auch Schmuck geschenkt. Den haben
mir einige nach der Trennung wieder zurückgegeben, so
dass inzwischen ein paar Schmuckschachteln samt Inhalt
bei mir lagern und mich, wenn ich umräume, an die jewei-
lige Liebe erinnern. Spricht etwas dagegen, diese Schmuckstücke – ohne die Herkunft offenzulegen – an eine neue
Partnerin zu verschenken? Dabei geht es mir weniger ums
Sparen, eher darum, dass die Gegenstände ja nutzlos rum-
liegen.«*   *Daniel H., Lübeck*

Bei objektiver Analyse der Fakten scheint wenig gegen
Ihr Vorhaben zu sprechen. Ihre Verflossenen haben Ihnen die Schmuckstücke zurückgegeben, erheben offenbar keine Ansprüche mehr darauf; die Preziosen liegen
in der Tat mehr oder weniger nutzlos herum. Da liegt es
nahezu auf der Hand, sie erneut so zu verwenden, wie es
schon einmal der Fall war: Sie haben weniger zu lagern,
Geschenke sofort zur Hand und sparen zudem noch
Geld. Das wirkt alles ungemein sinnvoll, echte Gegenar-
gumente scheint es nicht zu geben – und trotzdem stört
mich etwas. Vielleicht klingt alles einfach zu zweckmä-
ßig, getreu dem Motto: »Praktisch denken, Särge schenken!«

 Dabei irritiert mich keineswegs, dass Sie etwas aus
Ihrem Besitz weitergeben, also nichts speziell Erworbenes. Sich von etwas Eigenem zu trennen, um einem

anderen eine Freude zu machen, kann sogar ein Zeichen besonders großer Zuneigung sein. Aber genau das führt auch zum Knackpunkt: Bei einem Geschenk, speziell für die oder den Geliebten, sollte es ja weniger um einen bestimmten Wert oder die Erfüllung einer Pflicht gehen, es sollte vielmehr »von Herzen« kommen. Genau daran scheint es mir aber bei der Recyclingaktion zu mangeln.

Gegenstände lassen sich wiederverwenden, Gefühle aber nicht. Die Empfängerin mag sich freuen, doch im Endeffekt über eine emotional leere Hülle – ohne es zu wissen. Das allein wäre vielleicht noch nicht unmoralisch, sondern nur kalt. Hinzu kommt aber noch die Täuschung: Wenn nichts dabei ist, warum erzählen Sie der Beschenkten nicht die Geschichte? Sie fürchten, sie könnte sich abgewertet fühlen, wenn Sie ihr den abgelegten Schmuck der Ex zum Präsent machen? Da ist was dran, nur wird es nicht besser, wenn man es verheimlicht.

»Unser heutiger Oktoberfestbesuch endete mit einem Dis-
put über Lebkuchenherzen. Ich würde mir wünschen, von
meinem Mann mit einem spontanen Herzkauf überrascht
zu werden. Er hält das für unpersönlichen, kitschigen Wu-
cher. Ist meine Enttäuschung berechtigt, nicht wie die
meisten Frauen mit Lebkuchenherz oder roten Plastikro-
sen ihres Liebsten über den Platz zu stolzieren (am Schieß-
stand trifft er nicht und beim ›Hau den Lukas‹ will er sich
nicht blamieren)? Nicht, dass unsere Ehe davon abhängen
würde, aber wie sehen Sie das?«   *Renate S., München*

Kennen Sie Friedrich Schillers Ballade »Der Handschuh«? Auch dort geht es um einen öffentlichen Lie-
besbeweis. Am Hofe des französischen Königs Franz I.
lässt Fräulein Kunigund ihren Handschuh in die Löwen-
grube fallen, »zwischen den Tiger und den Leun / Mitten
hinein«. Darauf wendet sie sich zu Ritter Delorges
»spottender Weis'« und fordert: »Herr Ritter, ist Eure
Lieb so heiß, / wie Ihr mir's schwört zu jeder Stund, / Ei,
so hebt mir den Handschuh auf.«

Das lässt sich Delorges nicht zweimal sagen. Er steigt
hinab in den Zwinger, »mit festem Schritte / Und aus
der Ungeheuer Mitte / Nimmt er den Handschuh mit
keckem Finger«. Fräulein Kunigunde ist begeistert. Sie
empfängt den Helden »mit zärtlichem Liebesblick / – Er
verheißt ihm sein nahes Glück«. Doch sie hat sich ver-
rechnet. Delorges wirft ihr den Handschuh ins Gesicht:

»Den Dank, Dame, begehr ich nicht,/Und verlässt sie zur selben Stunde.«

Derartige Ansätze können offenbar ziemlich danebengehen. Zwar sind Sie kein höfisches Fräulein, das seinen Verehrer in den Löwenzwinger schickt, aber immerhin haben Sie Ihren Mann schon am Schießstand und beim »Hau den Lukas« ein bisschen vorgeführt. Nun erwarten Sie von ihm als äußerliches Zeichen seiner Liebe ein Lebkuchenherz, das er Ihnen auch noch so spontan zueignen soll, wie Delorges den Handschuh holt. Einen Hauch Kunigunde enthält das schon.

Andererseits soll hier nicht der Stoffeligkeit das Wort geredet werden, und ein wenig ritterlicher Charme steht einem Mann auch heute noch gut an. Egal ob verheiratet oder nicht. Schließlich lebt jede Beziehung auch von ihrer steten Pflege.

Deshalb: Wenn Sie wissen, dass Ihr Mann das Fertigherz nicht kaufen will, sollten Sie es nicht verlangen; aber wenn er weiß, dass Sie eines haben wollen, sollte er es Ihnen dennoch schenken. So einfach ist das.

»Vor einigen Jahren fragte mich ein Freund, ob ich sein Trauzeuge sein wolle. Ich dachte länger darüber nach und sagte dann zu. Jetzt will seine Frau sich scheiden lassen. Mein Freund ist davon nicht begeistert, aber was soll er machen; nun hat er mich gebeten, die einvernehmliche Scheidung als Anwalt zu betreuen. Ich frage mich, ob das moralisch in Ordnung ist. Letztlich helfe ich doch, etwas zu trennen, wofür ich eine gewisse Verantwortung über-nommen habe. Oder habe ich das nicht, ich bin ja kein Pate, sondern eben Trauzeuge?«　　　　　*Steffen P., Berlin*

Echte Verantwortung für die Ehe können Sie kaum tra-gen, das überfordert ja häufig schon die Partner, von einem Außenstehenden ganz zu schweigen. Völlig un-beteiligt sind Sie aber auch nicht: Wie Sie schreiben, haben Sie die Aufgabe des Trauzeugen erst nach reif-lichen Überlegungen übernommen. Die hätten Sie nicht anzustellen brauchen, wenn es lediglich um die im Ge-setz vorgesehene Funktion ginge: zu bezeugen, dass die beiden »Ja« gesagt haben. Ganz unabhängig davon, was das Eherecht festlegt, waren die Beteiligten hier offenbar der Meinung, dass den Trauzeugen eine besondere Stel-lung zukommen soll, und es ist diese Übereinkunft, die verpflichtet.

Wem gegenüber? Der Ehe oder den Menschen? Die Ehe ist auf Dauer angelegt, Menschen dagegen können ihre Einstellung wandeln, Lebenssituationen ändern sich,

Gefühle verblassen oder entstehen woanders neu. Das mag man bedauern, wird es aber, einmal eingetreten, kaum ändern können. Ich bin der Meinung, dass man in erster Linie Menschen verbunden und verpflichtet ist und nicht Institutionen, wie immer man sie auch nennen mag.

Entsprechend lautet die für mich entscheidende Überlegung: Wie hilft man den Freunden am besten? Solange die Ehe noch zu retten ist, indem man die Rettungsbemühungen unterstützt. Auch, weil man als Trauzeuge eine Rolle übernommen hat, vor allem aber, weil es um die Menschen geht, die Ihren Namen mit auf ihrem Trauschein haben wollten. Ist die Gemeinsamkeit hingegen unrettbar verloren, besteht Beistand umgekehrt gerade darin, den beiden bei dem schwierigen Prozess der Trennung zu helfen – da Sie Anwalt sind, eben in dieser Funktion. Alles andere wäre fast schon eine Bevormundung und opfert Menschen einem Prinzip. Außerdem: Kann es wirklich sein, dass der Trauzeuge länger an eine Ehe gebunden ist als die Eheleute selbst?

»Eine langjährige Freundin, mit der ich oft vertrauliche Sachen bespreche, sagte mir, dass sie all dies, darunter auch sehr Intimes, Frauenspezifisches, ganz selbstverständlich mit ihrem Ehemann beredet – obwohl ich sie ausdrücklich gebeten habe, es für sich zu behalten. Ihrer Meinung nach ist es selbstverständlich, dass man mit seinem Partner ausnahmslos alles teilt und die Vertraulichkeit in diesem Falle nicht gilt. Ich sehe das anders. Bin ich nun ›schief gewickelt‹, oder fühle ich mich zu Recht verraten?«

Iris D., Kaiserslautern

Ihre Freundin hat recht: Es ist wichtig, in einer Liebesbeziehung möglichst offen zueinander zu sein, denn gegenseitige Offenheit stellt einen wichtigen Grundpfeiler jeder Liebesbeziehung dar. Aber auch Sie haben recht: Es ist wichtig, speziell in einer Freundschaft Anvertrautes zu bewahren, denn Vertrauen stellt einen wichtigen Grundpfeiler jeder Freundschaft dar. Damit stehen sich zwei Werte gegenüber, und es gilt abzuwägen. Aber wie? Sollte man die Kräfte der Beziehungen vergleichen? Nach dem Motto: Welches Band bindet fester?

Man merkt sehr schnell, auf dieser Ebene kommt man nicht weiter. Glücklicherweise haben Sie selbst ein weiteres Stichwort gegeben, was immer es auch genau bedeuten mag: »Frauenspezifisches«. Mangels eigener Erfahrung muss ich mir darunter die Themen vorstellen, die Carrie Bradshaw und ihre Freundinnen Samantha,

Charlotte und Miranda in der TV-Serie »Sex and the City« laufend besprechen, also in erster Linie Schuhe, Sex und Männer. Doch auf den Inhalt kommt es hier gar nicht an, sondern nur auf die Deklaration. Indem Sie etwas so bezeichnen, zeigen Sie das Entscheidende: dass nämlich Sie als Urheberin die alleinige Bestimmungshoheit darüber innehaben, für wessen Ohren die jeweiligen Informationen bestimmt sind.

Mit dem Etikett »Nur für dich« versehen, dürfen die Geheimnisse erst gar nicht bis zu einer allfälligen Abwägung zwischen Partnerschaft und Freundschaft gelangen. Sie sind sozusagen von Anfang an nicht übertragbar. Und der vermeintlich Vertrauenswürdigen steht nicht das Recht zu, sich Ausnahmen davon zu genehmigen. Deshalb: Ja, wenn Ihre Freundin von Ihnen derart Gesperrtes dennoch weitergab, hat sie Sie verraten. Vermutlich ohne bösen Willen, aber sie hat es getan.

»Mein Mann hat erhebliches Übergewicht. Ihm drohen dadurch alle Krankheiten, die durch Übergewicht begünstigt werden. Ich versuche seit Jahren, ihn dazu zu bewegen, wenigstens zur Vorsorge zum Arzt zu gehen – bisher leider vergeblich. Wir führen seit 25 Jahren eine harmonische Ehe, aber dieses Thema belastet mich zunehmend. Kann ich von meinem Mann verlangen, dass er sich meine Sorgen zu eigen macht und sich mir zuliebe untersuchen lässt?«   Inge L., Aachen

Geht es hier darum, sich den Geliebten so zu formen, wie man ihn haben möchte? Oder ist es ein legitimer Wunsch, ihn nicht verlieren zu wollen? Führt dies zu einer Pflicht des Geliebten, sich als Liebesobjekt zu erhalten? Verliert er dadurch, dass er geliebt wird, das Recht, sich so zu verhalten, wie er selbst es möchte? Und ist es dann umgekehrt nicht höchst egoistisch, die eigene Sehnsucht nach dem anderen über dessen Lebensglück zu stellen?

Die Philosophin Hannah Arendt setzte sich 1929 in ihrer Dissertation »Der Liebesbegriff bei Augustin« mit den Aussagen des Kirchenlehrers und gleichzeitig vor dem Hintergrund ihres Verhältnisses mit Martin Heidegger existentialistisch mit der Liebe auseinander. Arendt zufolge stellt bei Augustinus die Liebe den Wunsch dar, etwas rein um seiner selbst willen zu begehren. Jedoch wandle sich dieses Begehren, der *appetitus habendi*, sowie man das Objekt der Begierde hat, um in *metus amittendi*, Furcht, das Geliebte zu verlieren, die Furcht vor dem Tod. Da sowohl dieses Begehren als auch die Furcht in die Zukunft gerichtet seien, verliere die Gegenwart die Ruhe und Möglichkeit des Genusses. Deshalb sei das Loslassen-Können – das *iamittere posse* – die eigentliche Bestimmung des Liebens.

Dies spräche gegen Ihr Ansinnen. Allerdings darf man nicht übersehen, dass beide eine spezifische Sichtweise haben: Augustinus eine jenseitsbezogene, Hannah Arendt eine existentialistische. Zieht man zudem in Betracht, dass diese Idee der Liebe einen sehr hohen, womöglich zu hohen Anspruch darstellt, bleibt die Furcht zu verlieren als wenn schon nicht idealer, so doch natürlicher Teil irdischer Liebe. Wer etwa könnte ruhigen Herzens zusehen, wie der Geliebte sich vergnügt aufmacht zum Jahrestreffen des Clubs der blinden Messerwerfer? Auf der anderen Seite kann die Sorge den Partner auch ersticken, ihn vereinnahmen und am Ende wirklich zum reinen Objekt der Liebe machen. Die Liebe wird dann, wie Hannah Arendt schreibt, »ausschließlich negativ bestimmt: zu lieben ist nur noch das metu carere«, das Vermeiden der Furcht. Für ein gedeihliches Miteinander muss man dieser Furcht deshalb Grenzen setzen. Sonst wäre jeder Liierte verpflichtet, sofort das Rauchen und Trinken aufzugeben, sich makrobiotisch schadstofffrei zu ernähren und jeden Hauch einer Gefahr zu meiden, nur um sich möglichst lang am Leben zu erhalten; ganz gleich, ob ihm dieses Leben dann gefällt.

Doch unterm Strich scheint der – im Grunde tatsächlich egoistische – Wunsch, den Partner lebend in den Armen zu halten, für uns Sterbliche so nachvollziehbar, dass man kleinere Einschränkungen der Freiheit, wie zum Beispiel eine Vorsorge-Untersuchung beim Arzt, dafür wohl hinnehmen muss. Es heißt schließlich nicht umsonst: zu-liebe.

* * *

Hannah Arendt: Der Liebesbegriff bei Augustin. Versuch einer philosophischen Interpretation, hrsg. von Ludger Lütkehaus, Philo Verlag, 2. Auflage, Berlin 2005.

6. UMWELT UND TIERE

»Ich habe einen Kater, der nur in meiner Wohnung lebt. Seinen natürlichen Jagdtrieb lebt er aus, indem er Nachtfalter fängt – die ich anlocke, indem ich abends die Fenster öffne und das Licht brennen lasse. Wenn Falter an der Decke sitzen, hole ich sie mit einem Besen herunter. Darf ich meinem Kater derart bei der Jagd assistieren und damit Leiden und Tod eines unschuldigen Tieres mit herbeiführen?« Heinrich K., Wunsiedel

Um es offen zu sagen: Mir gefällt Ihr Vorgehen nicht. Auch wenn Sie sich liebevoll um Ihren Kater sorgen, diese Sorge hat etwas von der eines römischen Imperators für sein Volk, zu dessen Unterhaltung er mal eben ein paar Sklaven oder Christen in die Arena treibt. Sie werfen nun die mittels Lichtfalle ihrer Freiheit beraubten Nachtfalter Ihrem Zimmerlöwen zu dessen Spaß zum Fraß vor.

Die Frage nach dem Verhalten gegenüber Tieren weist hier eine Besonderheit auf: Dem Wohlbefinden eines Säugetiers steht das von Insekten gegenüber; und die Frage der moralischen Rechte von Tieren stellt sich nicht im Gegensatz von Tier und Mensch, sondern innerhalb des Tierreiches. Wobei der Kater kein Adressat der Moral ist. Wenn er mit Beute spielt, ist das weder gut noch böse; sobald jedoch Sie als Mensch eingreifen, müssen Sie Ihr Handeln moralisch verantworten. Als Halter eines Tieres in der Wohnung sind Sie verpflichtet, auch dessen

Interessen wahrzunehmen. Deshalb könnte die Verantwortung für den Kater das Opfern von Insekten rechtfertigen, wenn diese deutlich weniger schutzwürdig sind. Tatsächlich kennt man solche Abstufungen zwischen Tieren sowohl in der Tierethik als auch im täglichen Leben: Ein Hersteller von Katzenklatschen würde vermutlich Ärger mit Tierschützern bekommen, während Fliegenklatschen unbeanstandet in den Regalen liegen.

Das spräche für Ihre Form von »Brot und Spielen« für Katzen. Wenn ich dennoch dagegen bin, liegt das an einer allgemeinen Achtung jeglichem Leben gegenüber und wieder einmal an Kant: Der meinte, dass Grausamkeiten gegen Tiere abhärten gegenüber Grausamkeiten gegen Menschen und das Verhalten zu Tieren einen Spiegel des Verhaltens zu Menschen darstellt. Da Katzen nicht notwendigerweise Nachtfalter jagen müssen, sehe ich keine ausreichende Rechtfertigung für Ihre Mitwirkung an solch tödlichen Spielchen – auch wenn es nur um Insekten geht.

* * *

Immanuel Kant: Eine Vorlesung über Ethik, hrsg. von Gerd Gerhardt, Fischer Taschenbuch Verlag, Frankfurt am Main 1990.

Ursula Wolf (Hrsg.): Texte zur Tierethik, Reclam Verlag, Stuttgart 2008.

Julian Nida-Rümelin: Tierethik I. In: Julian Nida-Rümelin (Hrsg.): Angewandte Ethik, Alfred Kröner Verlag, Stuttgart 1996.

Norbert Hoerster: Haben Tiere eine Würde? Grundfragen der Tierethik, C. H. Beck Verlag, München 2004.

Ursula Wolf: Das Tier in der Moral, Klostermann, Frankfurt am Main, 2. Aufl. 2004.

Ernst Tugendhat: Wer sind sie alle? In: Angelika Krebs (Hrsg.): Naturethik – Grundtexte der gegenwärtigen tier- und ökoethischen Diskussion, Suhrkamp Verlag, Frankfurt am Main 1997 (in dem sich auch weitere interessante Texte zum Thema finden).

Zur Problematik der Verfütterung von lebenden Futtertieren:

Petra Kölle / Johanna Moritz: Tierschutzrechtliche Aspekte im Zusammenhang mit Haltung, Transport und Verfütterung von Futtertieren in der Terraristik, Amtstierärztlicher Dienst und Lebensmittelkontrolle, 13. Jahrgang, 2006, S. 103 – 106.

Petra Kölle / Johanna Moritz: Futtertiere in der Terraristik, Datz, 59. Jahrgang 2006, S. 38 – 42; online abrufbar unter http://www.lgl. bayern.de/tiergesundheit/tierschutz.htm.

»Ich würde mich aus hygienischen, pragmatischen und Platzspargründen nach meinem Tod am liebsten verbrennen lassen. Seit der Diskussion um Klimawandel und CO_2-Bilanzen frage ich mich allerdings, ob das unter dem Aspekt der Klimaverträglichkeit überhaupt noch verantwortbar ist; schließlich werden bei einer Feuerbestattung Schadstoffe in die Luft geblasen.« *Ralf W., Recklinghausen*

Von der CO_2-Bilanz des Menschen ist derzeit ziemlich viel die Rede. Jeder hinterlässt einen Carbon Footprint, einen CO_2-Fußabdruck auf der Erde, die für all die großen Abdrücke eigentlich viel zu klein ist. Würden alle Menschen so leben wie wir in Deutschland, bräuchten wir mindestens drei davon. Nachgerade eine grausige Vorstellung, der Spur der Klimaverwüstung, die man zu Lebzeiten gesetzt hat, nach dem Tod noch ein paar kleine Tapser hinzuzufügen. Vor dem Hintergrund der Klimakatastrophe bekommt der Ausspruch »Nach mir die Sintflut!« hier eine neue, fast schon makabre Bedeutung.

In der Tat belastet eine Kremation, so der Fachausdruck, die Erdatmosphäre mit 50 Kilo CO_2 mehr als eine Erdbestattung, und manche Fachleute empfehlen als klimafreundlichste Variante, sich in einem Pappsarg unter einem Baum begraben zu lassen. Der wächst dann mit den Nährstoffen aus dem Körper und bindet so Kohlendioxid. Traditionalisten mag das als eine Mischung aus kaltem Fegefeuer und Öko-Terror-Hölle erscheinen, ich persönlich finde die Vorstellung sogar ganz poetisch. Aber auch nüchtern betrachtet, scheint mir wenig dagegen zu sprechen. Wer an ein Leben nach dem Tode glaubt, dessen Seele hat ab da hoffentlich Besseres zu tun, als sich um solch irdische Dinge zu kümmern, und wer in diesem Punkt anders denkt, nun ja, den sollte sein postmortales Schicksal eher kaltlassen.

Dennoch halte ich persönliche Wünsche an dieser Stelle für legitim und, wenn man sich gern verbrennen lassen möchte, Klimasorgen für unnötig: 50 Kilo CO_2 sind, auf ein Menschenleben bezogen, nahezu vernachlässigenswert. So viel produziert der Durchschnittsdeutsche an eineinhalb Tagen, und wenn auch nur ein einziger Trauergast aus Stuttgart mit dem Auto anreist, bläst er auf der Fahrt mehr an Abgasen in die Luft. Dennoch fordert niemand, dass man aus Klimagründen früher stirbt und sich ohne Trauernde begraben lässt.

* * *

Für den CO_2-Fußabdruck oder Carbon Footprint gibt es im Internet viele Onlineberechnungsmöglichkeiten, z. B.: http://www.carbonfootprint.com oder http://www.co2-rechner.wwf.de/wwf/

»Trotz Aufkleber ›Keine Werbung‹ auf meinem Briefkasten erhalte ich laufend mit der Tagespost die Broschüre ›Einkauf aktuell‹ von der Deutschen Post – in Plastik eingeschweißt. Wenn ich ökologisch richtig entsorge, muss ich jedes einzelne Exemplar von der Plastikhülle befreien und das Papier in den Papiermüll, die Plastikhülle in den Plastikmüll geben. Dies ist ausgesprochen lästig. Deshalb werfe ich diese Werbung in den offiziellen Briefkasten der Deutschen Post zurück, frage mich aber, ob das der richtige Weg ist. Wenn das alle täten, würde diese Art der unangenehmen Werbung sicher bald aufhören. Wie sehen Sie dies?«   *Markus P., Hamburg*

Gegen Ihre sehr individuelle Art der Entsorgung spricht eine ganze Reihe von Überlegungen. Sicherlich sind wir uns einig, dass der gelbe Briefkasten am Straßenrand nicht dafür aufgestellt wurde, unerwünschte Werbesendungen aufzunehmen, Sie diesen also zweckentfremden und seine öffentliche Funktion missbrauchen. Fragt man bei der Post nach, erfährt man, dass Einkauf aktuell als nichtadressierte Werbesendung auch nicht in Ihrem Briefkasten landen sollte, der einen »Keine Werbung«-Aufkleber trägt. Die Zusteller hätten diesen Hinweis zu beachten. Wenn wiederholt dagegen verstoßen werde, sollten Sie sich an die entsprechende Servicenummer wenden. Von dort aus werde, so meint man bei der Post, für Abhilfe gesorgt. Ihr Verhalten stellt somit eine Art

Selbstjustiz unter Umgehung der vorgesehenen Strukturen dar.

Damit wäre man fast bei einem Ergebnis. Fast. Gäbe es nicht ein besonderes Phänomen: Ebenso wie man auf Menschen trifft, denen man nichts übelnehmen kann, können auch Ideen so charmant sein, dass man sie schlicht mag, nahezu unabhängig davon, was alles gegen sie spricht. Für gewöhnlich halte ich mich hier ja zurück mit persönlichen Gefühlen, aber das Einwerfen der jeden Tag aufs Neue lästigen Werbung in den gelben Briefkasten gefällt mir einfach.

Warum? Wahrscheinlich ist es die Mischung aus Unmittelbarkeit, Frechheit, gesunder Entrüstung, Witz, pointierter Direktheit und praktischer Anwendung des Mottos »Zurück an den Absender«, die zusammen mit dem Verständnis für den Ärger genug Charme entwickeln, um bei mir alle Bedenken zurücktreten zu lassen. Die ethische Nagelprobe der Universalisierung »Was, wenn es alle täten?« besteht Ihr Tun auch. Deshalb: Wie ich es sehe? Ethisch leicht inkorrekt amüsiert.

»Ich bin überzeugter Gegner der Atomkraft und der jetzt anstehenden Laufzeitverlängerung der Atomkraftwerke. Ich möchte etwas dagegen tun, schwanke aber zwischen zwei Vorgehensweisen, die sich wegen meiner begrenzten Mittel gegenseitig ausschließen. Soll ich 100 Euro an eine Organisation spenden, die gegen Atomkraft arbeitet und Großdemonstrationen organisiert? Oder soll ich das Geld dafür ausgeben, selbst zu einer solchen Demonstration zu fahren?« Matthias P., Augsburg

Am 21. Januar 2010 wurde das politische Amerika von einem Urteil des Obersten Gerichtshofs erschüttert: Mit der Mehrheit der fünf konservativen Richter entschied das Gericht, dass Firmen in Zukunft mit eigenen Werbekampagnen in Wahlkämpfe direkt eingreifen dürfen. Von vielen Kommentatoren wurde die Entscheidung mit schweren Bedenken und Befremden aufgenommen, weil man die politische Kultur in den USA durch den nun zu erwartenden verstärkten Einfluss von Lobby-Geld und wirtschaftlicher Macht gefährdet sah; hierzulande wähnte man sich im Vergleich dazu glücklich.

Am 21. August 2010 veröffentlichten vierzig Unterzeichner unter Beteiligung des BDI, des Bundesverbandes der Deutschen Industrie, darunter die Leiter der größten deutschen Bank, der vier großen Energieversorger und weiterer großer Industrie- und Handelskonzerne in einer Kampagne von ganzseitigen Anzeigen einen »Energiepolitischen Appell«, um Einfluss auf die Energie- und Atompolitik der Bundesregierung zu nehmen. Wie weit das gelingt, werden die nächsten Monate zeigen.

Ich schreibe dies, um die Bedeutung Ihres Engagements für die Demokratie deutlich zu machen. Ob Sie nun für oder gegen Atomkraft sind, ist für diesen Aspekt zweitrangig. Wichtig ist, dass Sie Ihre Überzeugung als Bürger wirksam vertreten. Der Wahlkampf von Barack Obama hat gezeigt, dass eine Vielzahl von Klein- und Kleinstspenden von Bürgern unterm Strich mehr einbringen kann als Großspenden. Womit Sie in diesem speziellen Fall faktisch mehr erreichen, kann ich Ihnen allerdings nicht beantworten, das weiß allenfalls der Organisator der Demonstration.

Abstrakt betrachtet, steht einer möglichen höheren Effizienz der Spende, durch die Sie vielleicht Ihrem Anliegen besser dienen, der Wert Ihres persönlichen Auftretens als Ausdruck Ihrer Freiheit und Überzeugung sowie Ihre Betätigung als politischer Mensch gegenüber. Aber beides sind Formen demokratischer Betätigung. Lobbyismus wie auch Demonstrationen haben demokratische Bedeutung, aber kein geregeltes Verfahren. Deshalb ist es wichtig, dass engagierte Bürger den organisierten Strukturen der Einflussnahme etwas entgegensetzen, um ein Gleichgewicht zu wahren. In dieser Hinsicht sind Ihre beiden Alternativen gleichermaßen zu begrüßen.

* * *

Zur demokratischen Bedeutung und die fehlende demokratische Form siehe Christoph Möllers: Demokratie – Zumutung und Versprechen, Verlag Klaus Wagenbach, Berlin 2008.

»Vor kurzem hörte ich mir in einer Kirche ein wunderbares Konzert eines Chores an. Ich stand mit meinem Hund in einem durch eine Glasscheibe abgetrennten Vorraum. Plötzlich forderte mich ein Besucher auf, die Kirche zu verlassen, er sei Moslem, und in einer Moschee wäre mein Handeln respektlos. Ist es nun eine Frechheit, dass ich als Katholik von einem Moslem einer Kirche verwiesen werde, oder ist es eine Peinlichkeit, dass ein Moslem mir das ›richtige Verhalten‹ in einem christlichen Gotteshaus nahelegen muss?« Rolf D., Mannheim

Die Frage, was in einer Kultstätte zulässig ist und was nicht, scheint mir generell höchst subjektiv, um nicht zu sagen willkürlich geregelt. Das Opfern von Jungfrauen galt in vielen – auch abendländischen – Kulturen als zutiefst religiöse Handlung; in einer christlichen Kirche würde man es heute eher als unpassend ansehen. Ausgelassene orgienhafte Feiern mit Alkohol- und Drogenkonsum, wie sie aus der Antike bekannt sind, lehnen die meisten Glaubensgemeinschaften derzeit in ihren Gebetsräumen ab. Sobald es jedoch eine von ihnen als angemessen empfände, stünde dem nichts entgegen. Sieht man von so etwas wie Jungfrauenopfern einmal ab, geht es allein darum, was die Gläubigen in ihrer Gemeinschaft oder Überlieferung wollen.

Insoweit liegt der Mahner mit seiner Grundannahme richtig: Im Gegensatz zu Katzen, die der Prophet Mohammed sehr geschätzt haben soll, gelten Hunde im Islam als unrein und dürfen in keine Moschee. In den Hadithen, den mündlichen Überlieferungen des Propheten, findet sich der Spruch: »Die Engel betreten kein Haus, in dem sich ein Hund oder eine bildliche Darstellung befindet.« Anders sehen das offenbar die meisten Christen. In ihren Sakralräumen finden sich nicht nur unzählige Gottesbilder, man kennt auch Tiersegnungen, und der heilige Franziskus soll zu den Vögeln, Fischen und anderem Getier gepredigt haben; von einer Unterscheidung zwischen Hunden und Katzen ist nichts überliefert. Dementsprechend teilten beide großen christlichen Kirchen auf Anfrage mit, dass gegen Hunde im Gotteshaus aus ihrer Sicht nichts spreche, solange sie die Andacht nicht störten.

Es gibt hier kein allgemeines Richtig oder Falsch, nur eines scheint klar: Der Herr, der Sie ansprach, irrt. Er nimmt eine unzulässige Verallgemeinerung vor. Was in einer Moschee als erwünscht oder verpönt gilt, ist es noch lange nicht in einer Kirche – und umgekehrt. Mag dem Außenstehenden auch hier wie dort so manches eher seltsam erscheinen.

* * *

Dietmar Goltschnigg, Beatrix Müller-Kampel (Hrsg.): »Die Katze des Propheten«: Kulturen der Tierhaltung, Passagen Verlag, Wien 2002.

»In ein paar Tagen findet in einer Gaststätte bei mir um die Ecke eine Meisterschaft im Schnitzelwettessen statt. Es gewinnt, wer an diesem Abend die meisten Schnitzel isst. Kann man guten Gewissens an einer solchen Veranstaltung teilnehmen?«   Franz-Xaver B., Burghausen

Vielen Dank für Ihre Frage. Schon länger warte ich auf ein Thema dieser Art. Denn neben den eher seltenen Esswettbewerben gibt es eine ganze Sparte von XXL-Gaststätten, spezialisiert auf Portionen, so groß, dass man sie kaum oder nicht mehr bewältigt; dazu spezielle Webseiten und Fernsehsendungen. Bei Fleisch wird das richtig problematisch: Tiere zu schlachten, um sich von ihnen zu ernähren, ist eine Sache, sich an ihnen zum Spaß zu überfressen oder planmäßig Reste wegzuwerfen eine andere. Darin liegt eine Missachtung der Kreaturen. Das gilt doppelt, wenn diese dabei, wie in Ihrer Frage, zum bloßen Objekt eines Wettbewerbs werden. Aber selbst wenn es nur um Kuchen ginge, fände ich das nicht viel besser. Denn allem gemein ist ein zentraler Punkt: die Befriedigung von Gier, Fressgier oder Schnäppchengier, Hauptsache, man bekommt viel und noch mehr, egal, ob man es vertilgen kann. In Hungerzeiten war die Märchenphantasie eines Schlaraffenlandes verständlich, heute ist sie schlicht unanständig.

Ein Mensch darf selbst entscheiden, ob er sich durch Völlerei schädigen will, wenn auch die daraus erwachsenden Krankheiten das Gesundheitssystem belasten. Dennoch ruft dieser Umgang mit Essen bei mir diverse Bedenken hervor, das XXL-Geschäftsmodell finde ich allein schon aus wirtschafts-, medien- und erziehungsethischen Gründen problematisch; angesichts hungernder Menschen kommen noch gerechtigkeitsethische Aspekte dazu, so es sich um Fleisch handelt auch tierethische und insgesamt ökologieethische.

Damit will ich keinesfalls calvinistische Enthaltsamkeit predigen. Im Gegenteil, ich bin ein Freund bacchanalischer Exzesse. Wer auch immer etwas genießt, soll sich dem so hingeben, wie er will. Nur steht in Ihrem Beispiel der Genuss im Hintergrund. Es geht vor allem darum, sich so viel wie möglich einzuverleiben. Da sollte das Gewissen vor dem Magen stopp sagen.

»Mein Exfreund zog vor einem Dreivierteljahr bei mir aus und ließ – neben vielen anderen Dingen – auch seinen Gummibaum hier, aus Platzgründen, wie er sagte. Die Pflanze ist leider sehr hässlich, und mein Exfreund will sie nicht wiederhaben. Darf ich den Baum, der ja ein Lebewesen ist, auf den Kompost werfen, obwohl er noch viele Jahre durchhalten würde? Oder bin ich moralisch verpflichtet, einen guten Platz für ihn zu finden?«

Marianne O., Hamburg

Was für eine komische Frage!, wird mancher sich vielleicht jetzt denken – und kann sie doch irgendwie nachvollziehen. Sowenig relevant die Frage auf den ersten Blick vielleicht aussehen mag, so sehr steckt in ihr ein gewichtiges Thema: Welchen Wert hat Leben an sich? Die Problematik spiegelt sich in den Gefühlen wider: So schildert Alfred Döblin, als Nervenarzt mit der menschlichen Psyche bestens vertraut, in seiner Erzählung »Die Ermordung einer Butterblume«, wie sich die Schuldgefühle und Seelennöte eines Menschen bis ins Paranoide steigern, nachdem er grundlos mit seinem Spazierstock ein paar Blumen am Wegesrand geköpft hatte.

Und auch Sie lässt das Schicksal des Gummibaums nicht kalt – falls er nicht nur als Statthalter dient und Sie in Wahrheit vor allem der Beziehung nachtrauern. Überlegungen zur Verantwortung gegenüber Pflanzen finden sich auch anderswo. Manche Theologen etwa wollen alle Geschöpfe an der Würde ihres göttlichen Schöpfers teilhaben lassen. In der Schweiz hat sich die offizielle »Eidgenössische Ethikkommission für die Biotechnologie im Ausserhumanbereich« ausdrücklich mit der »Würde der Kreatur bei Pflanzen« auseinandergesetzt.

Insgesamt wird in der Bioethik diskutiert, ob und inwieweit der ganzen Natur, einzelnen Arten oder individuellen Pflanzen Schutz zukommen soll. Dass jedem Grashalm eine Würde innewohnen soll, ginge mir deutlich zu weit, aber mich überzeugt, dass jedes Lebewesen einen Wert hat, weil es eigene Zwecke verfolgt. Nur ist dieser Wert im Gegensatz zur menschlichen Würde abwägbar und abgestuft.

Konkret bedeutet das, man sollte kein Lebewesen willkürlich schädigen, aber die Interessen einer Topfpflanze haben deutlich weniger Gewicht als die Ihrigen. Deshalb brauchen Sie, wenn Sie niemanden finden, der den Gummibaum haben will, auch nicht unbedingt ein Asyl für heimatlose Topfpflanzen zu gründen.

* * *

Alfred Döblin: Die Ermordung einer Butterblume und andere Erzählungen, dtv, München 2004.

Norbert Hoerster: Haben Tiere eine Würde? Grundfragen der Tierethik, Verlag C. H. Beck, München 2004.

Eidgenössische Ethikkommission für die Biotechnologie im Ausserhumanbereich, Die Würde der Kreatur bei Pflanzen. Die moralische Berücksichtigung von Pflanzen um ihrer selbst willen; online abrufbar unter http://www.ekah.admin.ch/de/dokumentation/publikationen/index.html.

»Dienste wie www.atmosfair.de bieten an, die negative CO₂-Bilanz eines Fluges durch Hilfsprojekte in Dritte-Welt-Ländern auszugleichen. Dabei werden zum Beispiel Solarküchen in Indien errichtet. Ist diese moderne Form des Ablasshandels aber nicht unmoralisch? Sollen ausgerechnet die Armen dieser Welt den entwickelten Ländern ein schlechtes Gewissen ersparen?« Sebastian R., Hamburg

Um sich dem Problem zu nähern, muss man sich als Erstes klarmachen, wo das »Unmoralische« seine Wurzel hat. Ist es das Fliegen als solches? Natürlich nicht. Die Bewegung von einem Ort zum anderen enthält zunächst nichts Böses. Auch sehe ich im Verlassen des Bodens nicht wie die griechische Mythologie beim Flug des Ikaros eine Anmaßung gegenüber den Göttern. Der moralische Vorwurf, den man dem Fliegen gegenüber erheben kann, die Anmaßung gegenüber Natur und Mitmenschen, liegt vielmehr darin, die Umwelt über Gebühr zu belasten, vor allem mehr zur Erderwärmung beizutragen als notwendig.

Wenn sich aber das »Böse« eher in Kilogramm Gasausstoß denn in Grad der Seelenverfinsterung ausdrücken lässt, wenn es nicht in irgendeiner Handlung, sondern vor allem in einer unnötigen globalen CO_2-Vermehrung liegt, dann wird durch die finanzielle Unterstützung einer CO_2-Verminderung an anderer Stelle des Globus nicht eine moralische Schuld abgetragen; es wird auch nicht wie beim Ablass die Sündenstrafe für ein Fehlverhalten reduziert, es werden ganz einfach und pragmatisch betrachtet negative Folgen des Tuns vermindert oder ausgeglichen – nach Ansicht von Experten auf der Grundlage von wissenschaftlich ausreichend abgesicherten Berechnungen.

Bedenken wegen eines Ausgleichs der CO_2-Bilanz in der Dritten Welt hätte ich, wenn das Sparen dort Einschränkungen zur Folge hätte. Dies trifft aber nicht zu, wenn die zertifizierten und überwachten Projekte umgekehrt eher zu einer nachhaltigen Entwicklung, also positiven Effekten vor Ort führen. Vor allem aber gefällt mir bei den Klimaausgleichszahlungen ein Aspekt. Sie zeigen zumindest ansatzweise die wahren Kosten des Fliegens auf: Neben den Schnäppchenkalkulationen der Billigflieger auch die Schäden an der Umwelt. Deshalb stellt die Zahlung auch keine gute Tat dar, sondern dreht lediglich das Evilmeter wieder ein wenig zurück. Aber immerhin, das tut sie.

* * *

www.atmosfair.de.

Daidalos und Ikaros. In: Gustav Schwab: Sagen des klassischen Altertums, erschienen in vielen Ausgaben, z. B. im Insel Verlag, Frankfurt am Main.

7. WIRTSCHAFTEN UND GELD

*»Laufend erhalte ich Spendenaufrufe von Hilfsorganisatio-
nen: Für nur zehn Cent am Tag erhält ein Kind sauberes
Trinkwasser, mit nur drei Euro kann ich jemanden vor
Blindheit bewahren. Verglichen mit diesen armen Menschen bin ich – obwohl eher schlecht verdienend – natürlich sehr reich. Deshalb meine Frage: Wie viel von meinem
Wohlstand muss ich abgeben? Mache ich mich der unter-
lassenen Hilfeleistung schuldig, wenn ich mir einen Milch-
kaffee gönne, statt Kinder vor dem Verhungern zu retten?«*

Alexander T., Mönchengladbach

Dem australischen Ethiker Peter Singer kommt das Ver-
dienst zu, 1971 mit seinem Aufsatz »Famine, Affluence
and Morality – Hunger, Wohlstand und Moral« eine
moralphilosophische Debatte zu Ihrer Frage angestoßen
zu haben. Ausgehend von einer humanitären Katastro-
phe im »fernen« Bangladesch holte Singer das Problem
in unser tägliches Leben, indem er den Fall eines kleinen
Kindes konstruierte, das in einem seichten Teich zu er-
trinken droht. Jeder, der daran vorbeigeht, sei laut Singer
doch zweifellos verpflichtet, hineinzuwaten und das
Kind zu retten, auch wenn die – womöglich teure – Kleidung dabei nass und schmutzig würde. Daraus ent-
wickelte er den Grundsatz: »Wenn es in unserer Macht
steht, etwas sehr Schlechtes zu verhindern, ohne dabei
etwas von (vergleichbarer) moralischer Bedeutung zu
opfern, so sollten wir dies, moralisch gesehen, tun.« So-

mit habe man die Pflicht, auch in fernen Regionen zu helfen.

Obwohl keiner bestreitet, dass geholfen werden muss, erntete Singer durchaus auch Widerspruch, und die Debatte dauert bis heute an; vor allem hinsichtlich der Fragen, wer, wie, bis zu welchem Ausmaß und – philosophisch betrachtet – warum nun genau verpflichtet sei. Geht es um Gerechtigkeit oder die absolute Pflicht, niemanden menschenunwürdig vegetieren zu lassen? Können Spenden das Problem überhaupt lösen oder nur strukturelle Veränderungen? Sind in erster Linie die internationale Gemeinschaft, die Regierungen, humanitäre Organisationen oder jeder Einzelne gefordert? Und wenn jeder Einzelne, wie viel muss er geben oder wie sich engagieren?

Das Grundproblem hatte bereits Immanuel Kant gesehen. In seiner »Metaphysik der Sitten« erkennt er in der Aufgabe, anderen zu helfen, zwar eine Pflicht, aber eine, wie er es nennt, unvollkommene Tugendpflicht, bei der wir frei darin sind, wie wir sie ausgestalten: »Denn mit Aufopferung seiner eigenen Glückseligkeit (seiner wahren Bedürfnisse) Anderer ihre zu befördern, würde eine an sich selbst widerstreitende Maxime sein, wenn man sie zum allgemeinen Gesetz machte. Also ist diese Pflicht nur eine weite; sie hat einen Spielraum, mehr oder weniger hierin zu tun, ohne dass sich die Grenzen davon angeben lassen.«

Was bedeutet das konkret? Zunächst, dass sich hier nicht auf 52 Zeilen mal eben eines der großen Weltprobleme lösen lässt. Fest steht sicherlich, dass man die Augen nicht vor dem Elend verschließen darf und dass der, dem es gutgeht, andere an seinem Wohlstand teilnehmen lassen sollte. Nur muss das eben – auch im Sinne Kants – nicht vollkommen sein und bis zur völligen

Kasteiung führen. Oder zu einem schlechten Gewissen bei allem, was über elementare Bedürfnisse hinausgeht.

* * *

Peter Singer: Famine, Affluence, and Morality. In: Philosophy & Public Affairs 1, 1972 (2) S. 229 – 243 (deutsche Übersetzung »Hunger, Wohlstand und Moral« in: Barbara Bleisch / Peter Schaber [Hrsg.]: Weltarmut und Ethik, Mentis Verlag, Paderborn 2007).

Immanuel Kant: Die Metaphysik der Sitten, Akademieausgabe, S. 393.

*»Meine neunzigjährige Mutter ist eine begeisterte Doppel-
kopfspielerin. Vor einigen Wochen verstarb nun eine Spiel-
partnerin, und die Runde kann nicht wieder aufgefüllt
werden. Die verbleibenden Damen machen sich Gedanken, was aus der gemeinsamen Spielkasse (circa 80 Euro)
werden soll. Müssen sie dem Gatten der Verstorbenen den
ihr zustehenden Anteil auszahlen? Dürfen sie Blumen-
schmuck für das Grab kaufen oder sich sogar ein gemein-
sames Essen im Gedenken der Toten leisten? Geldsorgen
hat keine der Beteiligten.«* Jens-Holger S., Oldenburg

Kartenspielen, Tod und Buchhaltung. Bislang kannte ich
diese Kombination nur von Franz von Kobells Brandner
Kasper, der dem Boandlkramer beim Kartenspiel weitere
Lebensjahre abluchst und damit die himmlische Buch-
führung durcheinanderbringt. Sie jedoch präsentieren
eine neue, diesseitige Variante – und mehrere Lösungen.

Nach dem Gesetz steht der Anteil der Verstorbenen
wohl tatsächlich dem hinterbliebenen Gatten als Erben
zu. Normalerweise habe ich Bauchschmerzen, wenn
man sich über eine rechtliche Regelung hinwegsetzt,
doch scheint mir das bei den hier in Rede stehenden
Beträgen vertretbar; eine Auszahlung von 20 Euro an
den trauernden Witwer hätte fast etwas Geschmack-
loses.

Politisch korrekt wäre sicher, den Anteil der Freundin
einem guten Zweck zukommen zu lassen; vielleicht so-

gar, falls man ihn kennt, einem, der ihr besonders am Herzen lag. So halb auf dem Weg dorthin liegt der Blumenkauf für das Grab: Man gibt der Verstorbenen das ihr Gehörende zurück, ohne es in Heller und Pfennig ausrechnen oder auszahlen zu müssen. Zugleich haben die Blumen etwas von einer Spende, von einem Tribut an die Vergänglichkeit.

Noch besser gefällt mir jedoch die Idee des gemeinsamen Erinnerungs-Essens. Das mag überraschend klingen, weil diese Variante auf den ersten Blick womöglich nicht sehr selbstlos oder besonders taktvoll wirkt. Damit aber bliebe man an der Oberfläche. Das Geld hat sich in fröhlicher Runde angesammelt, eine aus dem Kreis ist verschieden, da passt es nur zu gut, wenn die Verbliebenen ihrer auch in dieser Form gedenken. Nicht vergessen zu werden, sondern den Lebenden weiterhin in der gleichen Art verbunden zu bleiben und Freude zu bereiten wie zu Lebzeiten: Das ist schon fast ein kleiner Sieg über den Tod – und anders als beim Brandner Kasper sogar ohne Falschspiel.

* * *

Franz von Kobell: Die G'schicht von' Brandner Kasper, erschienen 1871 in den »Fliegenden Blättern« in München. Bekannt wurde die Geschichte vor allem durch Kurt Wilhelms Bühnenfassung »Der Brandner Kaspar und das ewig' Leben«, die über tausendmal vom Bayerischen Staatsschauspiel im Residenztheater in München aufgeführt wurde und von der es auch eine Fernsehfassung gibt.

»Ich habe mir eine teure Jacke gekauft, sie dann aber einer Freundin geschenkt, weil sie doch zu klein war. Ein Umtausch war nämlich nicht mehr möglich. Einige Wochen später hat ein Bekannter die Jacke verschlampt, sich aber bereit erklärt, für den Verlust zu zahlen. Nur an wen? Mir käme es komisch vor, plötzlich Geld zu erhalten, aber meine Freundin hat auch nicht das Gefühl, dass ihr etwas zusteht.« Tamina G., Berlin

Irgendwie schwebt hier doch das Sprichwort »Geschenkt ist geschenkt, wieder holen ist gestohlen« im Raum. Ihm zufolge soll, auch wenn man etwas ohne Gegenleistung gegeben oder erhalten hat, das auf alle Fälle endgültig sein. Offenbar bevorzugen wir, Angelegenheiten als abgeschlossen zu betrachten und behandeln. Der griechische Philosoph Sokrates ging sogar in den Tod, um die einmal eingetretene Rechtskraft des gegen ihn gefällten Urteils nicht zu brechen; sonst könnte, so seine Überlegung, kein Staat mehr bestehen. Derart ernste Folgen haben Geschenke glücklicherweise meist nicht, aber der Grundsatz soll wohl auch für sie gelten. Warum diese Festlegungen? Vielleicht weil sie helfen, in einer Welt voll von Zufällen und Unvorhersehbarkeiten zu bestehen oder den Überblick zu behalten. Nur wenn es klare Festlegungen gibt, lassen sich das tägliche Glück und Pech konfliktarm zuordnen; statt ständig neuer Diskussionen bis ins Endlose.

Soll deshalb auch hier der Klarheit willen eine Stichtagsregelung gelten? Ich meine, nein. Zum einen war die Jacke kein »rote-Schleife«-Geschenk. Es ging nicht primär um die Mehrung des Vermögens beim Gegenüber, sondern in erster Linie um die eigene Entlastung, gepaart mit dem Nebeneffekt, etwas Nettes zu tun. Das hat fast mehr von einer Dauerleihgabe als von eigentlichem Schenken. Zum anderen besteht hier eine doppelte Nähe: Die Jacke blieb innerhalb einer Beziehung, und die Weitergabe ist erst vor kurzem erfolgt. Schenkung und Verlust in dieser Konstellation völlig getrennt zu betrachten scheint deshalb unnatürlich und unnötig. Verzichtet man darauf, gelangt man schnell zu einer Lösung. »Das Gerechte ist die Mitte zwischen Gewinn und Schaden«, schreibt Aristoteles, »so, dass man das Gleiche nachher hat, wie man es vorher hatte.« In der Gesamtbetrachtung hatte Ihre Freundin keinen Schaden, wohl aber Sie, deshalb sollten Sie auch das Geld erhalten.

* * *

Platon: Kriton. In: Sämtliche Werke Band I, übersetzt von Friedrich Schleiermacher, Rowohlt Taschenbuch Verlag, Reinbek bei Hamburg 1994.

Aristoteles: Die Nikomachische Ethik. Aus dem Griechischen und mit einer Einführung und Erläuterungen versehen von Olof Gigon, dtv, München 2002, 1132b 12–20.

»Mit dem Computerprogramm ›ElsterFormular‹, das ich
für meine Steuererklärung verwende, lässt sich auch die
voraussichtliche Steuerschuld berechnen. So weiß ich
schon jetzt, dass auf mich eine Nachzahlung zukommt. Ist
es nun moralisch in Ordnung, die Steuererklärung so spät
wie nach der Abgabenordnung möglich einzureichen, also
bis 31.5.? Oder sollte man dem Staat sofort geben, was des
Staates ist?«   *Mareike B., Merseburg*

Formulieren wir es einmal vorsichtig: Ich gehöre nicht zu
den Menschen, denen die Bibel in Moralfragen tenden-
tiell zu lasch formuliert ist. Deshalb halte ich es nur in
den seltensten Fällen für notwendig, ihre moralischen
Forderungen zu verschärfen. Genau das geschieht aber
hier, wenn man das bekannte Zitat aus dem Markusevan-
gelium (Mk 12,13) »Gebt dem Kaiser, was des Kaisers ist,
und Gott, was Gottes ist!« um ein »sofort« erweitert.

Andererseits weiß jeder, dass der Staat derzeit mit
einer Rekordverschuldung kämpft, deren Zinsen wir alle
und noch Generationen nach uns bezahlen werden müssen. Vor diesem Hintergrund ließe sich durchaus in das
Gebot, seine Steuern zu entrichten, vielleicht kein »sofort«, aber ein ungeschriebenes »beizeiten« hineinlesen.

Doch das geht mir zu weit. Trotz seines Gemeinwohl-
bezugs rechne ich das Steuerrecht und speziell die Abgabenordnung, in der die Fristen für Steuererklärungen
formuliert werden, zu den technischen Gesetzen – bei

dieser Art von Gesetzen ist man vor allem verpflichtet, sie einzuhalten und keine Umgehungen oder raffinierte Schlupflöcher zu suchen. Nicht aber, ihren Kern zu ergründen und sie dann überzuerfüllen.

Dennoch bleibt irgendwie ein ungutes Gefühl, dessen Ursprung ich aber mehr in der Motivation als in der Sache verorten würde: Vom Grundsatz her kann man niemandem vorwerfen, Fristen auszuschöpfen; dieses Recht gehört zum Wesen der Frist. Schwierig wird es jedoch, wenn man es nicht deshalb macht, weil man zum Beispiel selbst gerade kein Geld hat, sondern nur um dem Staat möglichst wenig abzugeben – und seien es nur die anteiligen Zinsen – oder schlimmer noch: weil man generell aus Prinzip alle seine Rechte bis zum Äußersten ausreizen will. Dann wäre diese negative Haltung das Problem und nicht das Zuwarten bis Ende Mai.

* * *

Abgabenordnung (AO)

§ 149 Abgabe der Steuererklärungen
(1) Die Steuergesetze bestimmen, wer zur Abgabe einer Steuererklärung verpflichtet ist. Zur Abgabe einer Steuererklärung ist auch verpflichtet, wer hierzu von der Finanzbehörde aufgefordert wird. Die Aufforderung kann durch öffentliche Bekanntmachung erfolgen. Die Verpflichtung zur Abgabe einer Steuererklärung bleibt auch dann bestehen, wenn die Finanzbehörde die Besteuerungsgrundlagen geschätzt hat (§ 162).
(2) Soweit die Steuergesetze nichts anderes bestimmen, sind Steuererklärungen, die sich auf ein Kalenderjahr oder einen gesetzlich bestimmten Zeitpunkt beziehen, spätestens fünf Monate danach abzugeben. Bei Steuerpflichtigen, die den Gewinn aus Land- und Forstwirtschaft nach einem vom Kalenderjahr abweichenden Wirtschaftsjahr ermitteln, endet die Frist nicht vor Ablauf des dritten Monats, der auf den Schluss des in dem Kalenderjahr begonnenen Wirtschaftsjahrs folgt.

»Neulich bekam ich beim Einkaufen an der Kasse ein Paket Kaffee geschenkt, irgendeine neue Sorte. Ich kaufe aber grundsätzlich nur fair gehandelten Kaffee. Nun habe ich Kaffee zu Hause, den ich nur mit schlechtem Gewissen trinken kann, weil ich an die Kaffeepflücker denken muss, die für einen Hungerlohn die Bohnen ernten müssen. Andererseits nützt es ja auch nichts, den Kaffee wegzuwerfen. Hätte ich das Geschenk im Supermarkt nicht annehmen sollen?«
Marita I., Darmstadt

Vielleicht sollte ich damit anfangen, für wie begrüßens- und achtenswert ich Ihre Grundsätze beim Kaffeekauf halte. Viel zu viele Menschen vergessen, dass auch das Einkaufen ein Handeln mit Auswirkungen auf die Umwelt darstellt und deshalb ethisch reflektiert werden muss. Das tun Sie in vorbildlichem Maße, und gemeinerweise geraten Sie nur deshalb überhaupt in Gewissensnöte. Wer sich diese Gedanken nicht macht, kann den Gratiskaffee mit Freude schlürfen, während er bei Ihnen einen bitteren Nachgeschmack erzeugt. Manchmal könnte man fast meinen: Das beste Ruhekissen ist gar kein Gewissen.

Das wollte ich voranstellen, um Sie nicht zu Unrecht in ein allzu schlechtes Licht zu rücken, wenn ich mich nun dem Geschenk zuwende. Denn meine Frage lautet: Warum haben Sie etwas angenommen, von dem Sie auf den ersten Blick erkennen konnten, dass Sie es nicht wollen? Um die Kassiererin nicht zu kränken? Das wäre nett gewesen, aber nicht nötig. Sie hat Ihnen kein persönliches Präsent überreicht, sondern eine Werbeaktion vollzogen. Und dann greift eine einfache Regel: Was man nicht braucht, braucht man auch nicht, wenn man es gratis bekommt. Hässliches wird nicht schöner, wenn es nichts kostet, und Schlechtes nicht besser. Und um ein bekanntes Sprichwort abzuwandeln: Einen geschenkten Gaul anzunehmen, obwohl man keinen braucht, ist nicht klug und bescheiden, sondern schlicht eine Form von Gier.

Was nun? Wegwerfen macht es, wie Sie schreiben, nicht wirklich besser. Andererseits wird Ihnen der Kaffee nicht schmecken. Am sinnvollsten scheint mir, ihn an jemanden weiterzuschenken, der sonst auch diese Marke kauft, und selbst wieder fair gehandelten zu erstehen. Und vor allem das nächste Mal auch bei Gratisgaben vor dem Zugreifen zu überlegen, ob man sie wirklich haben will.

»Ein Freund will umziehen und hat eine Wohnung im Auge. Nun überlegt er, der bisherigen Mieterin, die dem Vermieter einen Nachmieter vorschlagen soll, 100 Euro mehr Ablöse für die Waschmaschine anzubieten, um seine Chancen zu erhöhen. Seine Freundin meint, das sei ungerecht – es würde ärmere Menschen benachteiligen. Wie sehen Sie das?« Margarete S., München

Märkte stehen ja derzeit nicht in bestem Rufe. Dennoch kommt man nicht umhin festzustellen, dass es sich auch beim Wohnungsmarkt um einen Markt handelt, in dem Angebot und Nachfrage den Preis bestimmen. Für eine helle Wohnung in ruhiger Lage, die viele Leute haben wollen, zahlt man mehr als für eine dunkle an der Autobahn. Und wenn das Herz an etwas hängt, sei es nun an einem Sammlerstück oder an einer bestimmten Wohnung, ist man bereit, mehr zu bezahlen als ein anderer, dem die Sache nicht so viel wert ist. Manche können sich auch weniger leisten, weil sie weniger Geld haben. Das ist die Schattenseite dieses Prinzips. Aus diesem Grund muss die Gesellschaft für einen Ausgleich sorgen, und es müssen Grenzen gesetzt werden, etwa das Verbot des Mietwuchers. Solange diese aber nicht überschritten werden, ließe sich dem nur eine Fundamentalkritik der Marktwirtschaft entgegensetzen. Der kann ich mich jedoch trotz manch unschöner Auswüchse und gewisser Bedenken nicht anschließen.

In Ihrem Fall scheint auf den ersten Blick eine aus-
geglichene Situation vorzuliegen: Der eine bietet weniger, der andere mehr, beides hält sich im Rahmen. Und
dennoch stört mich etwas: Das, wofür er mehr bietet, ist
gar nicht das, was der Bieter unbedingt haben möchte.
Er will die Wohnung – und bietet für die alte Waschmaschine. Das allerdings nur, weil der Eigentümer der
Waschmaschine zugleich den Nachmieter benennen
darf. Dafür, nicht für die Waschmaschine, soll das Geld
fließen. Und eine derartige Verdeckung des eigentlichen
Zieles trägt einen Hautgout, den Geruch der Bestechung.
Der Ehrlichkeit halber müsste Ihr Freund eigentlich klar
und deutlich sagen, dass er der Vormieterin 100 Euro für
die Benennung als Nachmieter auf den Tisch legen will.
Wenn die Beteiligten das nicht wollen, weil es nicht so
schön klingt, so spricht das weniger gegen das Offen-
legen als gegen das Vorgehen.

»Ich bin Student. Seit zwei Jahren achte ich ein wenig mehr auf Pfandflaschen, die auf dem Bürgersteig oder sonst wo stehen. Ich nehme sie mit und kaufe mir am Jahresende von dem Geld eine Kleinigkeit. Schon öfter haben mir Freunde vorgeworfen, ich würde die Flaschen Obdachlosen und anderen Bedürftigen wegnehmen. Haben sie recht? Sollte ich diese Einnahmequelle Minderbemittelten überlassen und die Flaschen stehen lassen?«

Maurice C., Berlin

Die Einführung des Pfandes auf Einwegflaschen hat zwar deren Verbreitung kaum behindert, dafür einen neuen Erwerbszweig geschaffen. Schließlich werfen nur vier Flaschen pro Stunde den gleichen Ertrag ab wie ein Ein-Euro-Job der Arbeitsagentur.

Deshalb ist das Deponieren von Pfandflaschen in oder an Papierkörben inzwischen fast üblich geworden und wirkt sinnvoll – mit einem Problem: Mir scheint bei der Idee, anderen via »Abfall« Gutes zu tun, eine Grenze zumindest berührt, wenn nicht gar überschritten. Menschen, die den Müll anderer aufsammeln oder nach Verwertbarem durchsuchen, waren bei uns bislang selten. Dass dies nun zum Straßenbild gehört, kann man unterschiedlich sehen. Pragmatisch, nach dem Prinzip: solange dadurch geholfen ist; positiv, weil man die Augen vor der Armut nicht mehr so gut verschließen kann; oder negativ, weil es den Betroffenen einen Teil ihrer Würde

nimmt. Ich tendiere zu der letzten Ansicht, nur wäre die
einzig sinnvolle Konsequenz daraus, die Lebensumstände zu verbessern und nicht auch noch diese Einkom-
mensmöglichkeit zu unterbinden.

Zumal diese eine gewisse Tradition aufweisen kann.
Die Bibel kennt zum Beispiel den »Eckenlass« – ausdrücklich als Hilfe für den Nächsten: »Wenn ihr die
Ernte eures Landes aberntet, dann sollst du das Endstück
deines Feldes nicht völlig abernten. Und du sollst keine
Nachlese deiner Ernte durchführen. Auch deinen Wein-
berg sollst du nicht nachlesen, und abgefallene Beeren
deines Weinbergs sollst du nicht auflesen; dem Armen
und Fremdling sollst du sie überlassen.« (Lev 19,9 f.) Und
an anderer Stelle: »Wenn du auf deinem Feld deine Ernte
hältst und eine Garbe auf dem Felde vergisst, so kehre
nicht um, sie zu holen. Dem Fremdling, der Waise und
der Witwe soll sie gehören.« (Dtn 24,19 – 21)

Und damit wären wir bei Ihnen: Was Sie betreiben ist
Nachlese – ohne wirklich bedürftig zu sein.

»In vielen Schnellrestaurants wird der Gast aufgefordert, sein Geschirr nach dem Essen wegzuräumen. Dadurch wird Personal gespart. Kommt man konsequent dieser Bitte nach, schafft man Arbeitsplätze ab – und das in einer Zeit, da bei drei Millionen Arbeitslosen jeder Arbeitsplatzabbau vermieden werden sollte. Andererseits senkt dies für mich als Kunden die Preise fürs Essen. Wie verhält man sich richtig?«   Roman S., Dortmund

So unproblematisch Ihre Frage auf den ersten Blick wirkt, so schnell bringt sie einen beim Nachdenken ins Stolpern. Man landet in jeder Richtung bei einem unschönen Ergebnis. Einerseits will ich nicht zu einem Verhalten raten, das Arbeitsplätze gefährdet, und seien es die sprichwörtlichen McJobs. Andererseits geht es mir trotz Grundsympathie für den freien Konsumenten doch zu sehr gegen den Strich, seinen Dreck einfach liegenzulassen.

Zu einer Lösung gelangt man, wenn man erkennt, dass zwischen diesen beiden Polen etwas liegt, was einem echten Dilemma entgegensteht: Ihre freie Entscheidung, ein solches Lokal aufzusuchen. Das Konzept eines Selbstbedienungsrestaurants beruht nun einmal auf der Mitwirkung des Gastes. Wer ein Frühstücksbuffet wählt, weiß, dass ihm niemand den Honig an den Tisch bringt. In der Hamburgerbude mag es als »Bitte« formuliert sein, dennoch wird das Abräumen erwartet und eingeplant. Wie meine Nachfragen ergaben, würde eine konsequente Verweigerung der Gäste in Stoßzeiten nicht nur das vorhandene Personal völlig überfordern, sondern auch viele Tische ständig mit Geschirr oder Abfall blockieren.

Ich halte die »Bitte« auch nicht für einen Trick, der das Anstandsgefühl der Gäste nutzt, ihnen originäre Pflichten des Wirts aufzubürden, nämlich das Lokal sauberzuhalten. Vielmehr handelt es sich um einen klassischen Deal: Sie übernehmen zusätzliche Aufgaben, dafür bezahlen Sie weniger. Das kostet Arbeitsplätze – aber das wussten Sie vorher und haben sich darauf eingelassen. Wenn Ihnen die Jobs am Herzen liegen, müssen Sie hier ansetzen. An jeder Ecke gibt es Gaststätten, in denen Ihnen mehr oder weniger nette Menschen das Essen bringen und danach abräumen. So Sie sich gegen diesen Service entscheiden, sollten Sie Ihren Teil der Konsequenzen tragen – hier in Form des schmutzigen Geschirrs.

»Ich komme jeden Tag an vier bis fünf Bettlern vorbei, meistens den gleichen, die mich flehend ansehen. Ich kann aber nicht allen etwas geben, schon gar nicht jedes Mal. Aber ich ertrage die enttäuschten Blicke nur schwer. Nur: Wer ist der Bedürftigste? Und wird dieser dann nicht jedes Mal etwas erwarten? Ich quäle mich damit ständig herum mit der Folge, dass ich keinem etwas gebe. Was wäre richtig?« Martha N., Hamburg

Demjenigen direkt helfen zu wollen, der Sie gerade bittend und bedürftig ansieht, stellt eine positive und begrüßenswerte Regung dar. Nur ist diese Regung als moralischer Antrieb zwar für den Einzelfall sinnvoll, stößt jedoch an ihre Grenzen in Situationen, in denen man genau weiß, dass man unmittelbar nach diesem einen Menschen, dem man im Moment in die Augen sieht, noch etlichen anderen ebenso Bedürftigen begegnen wird.

Man kann ohnehin zweifeln, ob es aus sozialen Gesichtspunkten sinnvoll ist, auf diese Art zu helfen. Aber wenn Sie nicht jedem jeden Tag etwas geben können, müssen Sie zudem notgedrungen die spontanen moralischen Gefühle mit der Vernunft abgleichen. Ihr Ergebnis, dann niemandem etwas zu geben, ist konsequent, praktikabel und entspricht dem Grundsatz der Gleichbehandlung. Ich halte es jedoch für suboptimal. Zum einen quälen Sie sich ja dennoch mit Entscheidungsnöten herum, zum anderen ist eigentlich niemandem gedient: Sie wollen geben und tun es nicht, die Bettler wollen etwas bekommen und bekommen nichts.

Was dann? Zum moralischen Abgleich des Handelns mit der Vernunft gibt es eine erste Adresse: Immanuel Kant. Und tatsächlich hat er sich mit Ihrem Problem beschäftigt, wie umfangreich man helfen muss. Er hat festgestellt, dass die Pflicht, anderen Wohltaten zu erweisen, eine unvollkommene ist, weil man ihr nicht in unbegrenztem Maße nachkommen kann, wie die Kant'sche Ethik es bei den vollkommenen Pflichten verlangt. »Also ist«, schreibt Kant, »diese Pflicht nur eine weite; sie hat Spielraum, mehr oder weniger hierin zu tun, ohne dass sich die Grenzen davon bestimmt angeben lassen.« Vermutlich auch deshalb empfiehlt er in seiner Schrift zur Erziehung, man solle nicht »das Herz der Kinder weich machen, dass es von dem Schicksale des anderen affiziert werde, als vielmehr wacker«. Ich würde das so nicht unterschreiben wollen und will auch Sie nicht erziehen, aber der Kern stimmt: Man braucht bei der Wohltätigkeit eine gewisse »wackere« Vernunft. Andernfalls läuft man Gefahr, sich zu verausgaben oder, wie Sie, alles abzublocken.

Meine Empfehlung wäre daher, entweder in Ruhe ausgewählt an eine Organisation zu spenden, die ebenjener Gruppe von Bedürftigen hilft, oder/und mal dem einen und mal dem anderen zu geben – und dazu wacker zu stehen.

* * *

Immanuel Kant: Die Metaphysik der Sitten, Akademieausgabe, S. 393.

Immanuel Kant: Über Pädagogik, Akademieausgabe Band IX, S. 490.

»Eine Kollegin war auf dem Kreisverwaltungsreferat, um sich umzumelden. Sie zog eine Wartenummer, vor ihr eine lange Schlange. Plötzlich wurde sie von einem jungen Mann angesprochen, der ihr für zwanzig Euro eine Nummer ganz vorn verkaufen wollte. Sie kam mit ihm ins Gespräch, und er erzählte ihr, dass er und seine Freunde immer ganz früh im KVR seien, um sich mehrere Nummern zu ziehen und diese dann zu verkaufen. Darf man sich so vordrängen, oder unterstützt man dadurch illegale Machenschaften? Wie denken Sie darüber?«

Christina C., München

Zeit ist in unserer Gesellschaft für viele ein knappes Gut; dementsprechend wird sie allenthalben mit Geld aufgewogen. Fährt nach der Zechtour kein Bus mehr, bleiben eine Stunde Fußmarsch oder ein Taxi. Der Betuchte erkauft sich diese Stunde mit zwanzig Euro, darf früher ins Bett – oder länger feiern. Wer bei sich zu Hause saubermachen und die Hemden bügeln lässt, leistet sich ein unbeschwertes Wochenende. Am Grundprinzip, Zeit zu kaufen, stößt sich offenbar niemand; im Gegenteil: Durch den vielbeschworenen Dienstleistungssektor soll an ihm sogar unsere Wirtschaft mit genesen. Also alles okay?

Die Grundsatzfrage ist: Wie weit wollen wir diese Möglichkeit in unserer Gesellschaft zulassen? Darüber kann man streiten – die Meinungen variieren je nach politischer Überzeugung. Empfindlich werden wir aber alle, wenn es um die Staatsordnung geht. Programmatisch ist der Satz: »Alle Menschen sind vor dem Gesetz gleich.« Damit Person und Geld keine Rolle spielen, trägt Justitia die Augenbinde. Neben den Gerichten hat das auch für sonstiges staatliches Handeln – wie hier in einem Amt – zu gelten und damit indirekt auch für das Anstehen davor.

Nun mag ein überzeugter Marktanhänger die Anstehdienst-Ich-AG befürworten; schließlich geht es nicht um die staatliche Leistung als solche, sondern nur um das Warten – kein Hauptzweck selbst der kafkaeskesten Behörde. Doch im Fall, von dem Sie berichten, kommt noch etwas hinzu: Wer morgens nicht eine, sondern gleich mehrere Nummern zieht, geriert sich als Spekulant mit der Zeitnot der anderen, schlimmer noch: mit dem Zugang des Bürgers zum Staat. Er verdrängt die regulär Wartenden nach hinten, und da wird die Grenze endgültig überschritten.

Zu guter Letzt: Darf man davon »nur« profitieren? Ganz klar: nein. Denn sonst macht man mit, und schon das Sprichwort sagt: Der Hehler ist schlimmer als der Stehler.

8. KÖRPER UND GESUNDHEIT

»Ich habe Krebs. Es kostet etwa 40 000 Euro im Jahr, mich am Leben zu erhalten. Zu diesem teuren Medikament gibt es keine Alternative, und ich (noch unter 30 Jahre) kann mit ihm recht gut leben, was mich auch leichtsinnig macht. Bin ich es der Allgemeinheit der Beitragszahler schuldig, mich äußerst gesundheitsbewusst zu verhalten, also zum Beispiel auf Wein zu den Spaghetti zu verzichten und alle Vorsorgetermine und -untersuchungen wahrzunehmen? Oder habe ich – in vernünftigem Umfang – weiterhin das Recht auf ungesunden Genuss?«

Lukas R., Wiesbaden

In seinem Buch »The Social System« legte der amerikanische Soziologe Talcott Parsons 1951 die Grundlage für die Beschreibung der Rolle des Kranken: Er sei von seinen gewöhnlichen Verpflichtungen befreit, werde für sein abweichendes Verhalten nicht verantwortlich gemacht, habe aber die Verpflichtung, professionelle Hilfe aufzusuchen und alles zu tun, um wieder gesund zu werden. Dieses Rollenmodell wurde in den folgenden Jahren vielfach kritisiert, und auch wenn es – wie nicht zuletzt Ihre Bedenken zeigen – die reale Situation zum Teil recht treffend wiedergibt, kann ich mich mit ihm aus ethischer Sicht nicht anfreunden. Es beruht mir zu sehr auf der »Abweichung vom Normalen« und entmündigt den Kranken, indem es ihm eine Verpflichtung auferlegt, sich schnellstmöglich wieder in die Norm einzufügen. Woher aber sollte eine derartige Verpflichtung kommen, wenn nicht doch aus Schuld gegenüber der Gesellschaft wegen des Anders-Seins oder der erwiesenen Hilfe in Form der Behandlung? Damit aber wird die Unterstützung des Kranken zum Tauschpfand für soziales Wohlverhalten.

Meiner Ansicht nach muss man diese beiden Bereiche trennen: die Behandlung – welche, wenn notwendig, auch noch so teuer sein mag – auf der einen Seite und das Verhalten des Kranken als Mensch mit allen Freiheitsrechten auf der anderen. Letztere schließen nun einmal bei jedem, ob gesund oder krank, in gewissem Rahmen das Recht auf Unvernunft und auch auf Nichtwissen ein. Grenzen sehe ich allerdings dort, wenn das unvernünftige Verhalten des Patienten die Behandlung konterkariert oder die Therapie ohne bestimmte Untersuchungen nutzlos oder gar gefährlich wird. Ob dies bei Ihnen zutrifft, vermag ich nicht zu beurteilen – solange nicht, geht für mich die Freiheit des Einzelnen vor. Gesundheit betrifft schließlich nicht nur den Körper.

* * *

Talcott Parsons: The social system, Free Press, London 1951.

*»Wenn man sich die Berichterstattung und sonstige Bei-
träge und Diskussionen anhört und durchliest, die derzeit
das Gesetz zum Nichtraucherschutz betreffen, läuft es einem kalt den Rücken runter. Beide Seiten, Raucher und
Nichtraucher, sind nahezu außer Rand und Band. Man
beobachtet verbale Tiefschläge, polemische und meist an-
einander vorbeigehende Argumentationen. Wie sehen Sie
das Problem des Nichtraucherschutzes und die neue Ge-
setzeslage – sachlich, ethisch, philosophisch?«*

Philipp S., München

Wahrscheinlich sollte ich vorausschicken, dass ich als
Nichtraucher das Rauchverbot begrüßt habe und dennoch unglücklich damit bin: Es gefällt mir nicht, dass
der Staat einen weiteren Lebensbereich beschränkt,
die Stimmung beim Ausgehen leidet und es nach Jahren relativ friedlicher Koexistenz nun zum Konflikt
kommt.

Ein Kernpunkt des Problems scheint mir in einer
Asymmetrie zu liegen: Während der Raucher durch sein
Rauchen die Umgebung beeinträchtigt, wird selbst der
passionierteste Qualmer das Ausatmen von rauchfreier
Luft nicht störend finden. Anders als Nichtrauchen ist
Rauchen von seiner Natur her stofflich aggressiv.

Umgekehrt muss im Gegensatz zum Raucher, der
keinen Grund hat, gegen das Nichtrauchen vorzugehen,
der Nichtraucher, wenn er keinen Rauch einatmen will,

Verbote aussprechen. Das Nichtrauchen ist somit für den Raucher freiheitsgefährdend, normativ aggressiv.

Hinzu kommt, dass Rauch in Lokalen unterschwellig als »natürlich« empfunden wird, obwohl er ja künstlich erzeugt wird und kulturhistorisch eine junge Erfindung darstellt: Tabak kam erst mit der Entdeckung Amerikas nach Europa. Hier scheint Georg Jellineks berühmter Begriff der »normativen Kraft des Faktischen« zu greifen: Durch ein übliches Verhalten wird eine Regel geprägt, hier, dass man ein Recht auf Rauchen hat, auch wenn es andere beeinträchtigt oder schädigt. Man stelle sich zum Spaß vor, was geschähe, wollte man das Rauchen heute neu einführen.

Ein weiteres »Aneinandervorbeireden« sehe ich bei der Einordnung der Gaststätten. Einerseits gehören sie dem Wirt, sind somit privat. Andererseits muss man sie soziologisch als öffentlich einordnen. Eine Teilnahme an der Gesellschaft ist ohne Gaststättenbesuch nur eingeschränkt möglich – sozial, kulturell, sogar politisch, man denke nur an öffentliche Versammlungen oder die berüchtigten »Stammtischdiskussionen«. Die Auffassung, wen der Rauch stört, der könne draußen bleiben, isoliert somit einen Teil der Bevölkerung – wie umgekehrt auch das Rauchverbot. Nur kann der Nichtraucher nicht »zum Nichtrauchen« nach draußen gehen.

Am besten wäre zum Ausgleich der verschiedenen Interessen – der Raucher, Nichtraucher, Wirte, Öffentlichkeit – ein Kompromiss. Nur geht jede Nicht-Regelung wegen der Asymmetrie der Aggressionen zu Lasten einer Gruppe: der Nichtraucher. Und bislang sind alle vermittelnden Versuche faktisch gescheitert.

Bleibt somit am Ende lediglich die Wahl zwischen einer stofflichen Aggression durch Gesundheitsbeeinträchtigung und einer normativen durch ein rechtliches

Verbot, bevorzuge ich Letztere, wohl beeinflusst von der Kant'schen Definition des Rechts als »Inbegriff der Bedingungen, unter denen die Willkür des einen mit der Willkür des anderen nach einem allgemeinen Gesetze der Freiheit zusammen vereinigt werden kann«. Deshalb: Obwohl ich mit dem Rauchverbot nicht glücklich bin – ich weiß keine bessere Lösung.

* * *

Georg Jellinek: Allgemeine Staatslehre, Wissenschaftliche Buchgesellschaft Darmstadt, 3. Aufl. 1959.

Andreas Anter (Hrsg.): Die normative Kraft des Faktischen: Das Staatsverständnis Georg Jellineks, Nomos Verlag, Baden-Baden 2004.

Immanuel Kant: Die Metaphysik der Sitten, Erster Teil. Metaphysische Anfangsgründe der Rechtslehre, Einleitung in die Rechtslehre, § B Was ist Recht?, Reclam Verlag, Stuttgart 1990, S. 66 / 67 (Akademieausgabe S. 230).

Franz Dröge, Thomas Krämer-Badoni: Die Kneipe. Zur Soziologie einer Kulturform, Suhrkamp Verlag, Frankfurt am Main 1987.

»Unsere Ehe ist bisher kinderlos geblieben. Mein Mann, Wissenschaftler und ein Verfechter der neuen Errungenschaften der Forschung, plädiert dafür, eine künstliche Befruchtung machen zu lassen. Ich kann es jedoch nicht mit meinem Gewissen vereinbaren, Kinder herstellen zu lassen. Ist es heutzutage noch berechtigt, sich diesbezüglich die Gewissensfrage zu stellen, oder sind meine Probleme nur die eines den neuesten Stand der Wissenschaft ignorierenden Hinterwäldlers?« Marianne N., München

Natürlich ist es hier mehr als berechtigt, sich eine Gewissensfrage zu stellen! Im Gegenteil, ich hielte es für falsch, sich in einer derart zentralen Frage des Lebens die eigene Bewertung zu ersparen. Wenn Sie eine künstliche Befruchtung mit Ihrem Gewissen nicht vereinbaren können, so stellt das Ihre ureigenste Entscheidung dar. Ihre Auffassung wird von einer Reihe von Stimmen geteilt; ich halte sie allerdings keinesfalls für zwingend und vertrete persönlich eine andere Meinung.

Bei der geplanten Maßnahme dürfte es sich um eine In-vitro-Fertilisation handeln, bei der die Eizellen von Ihnen stammen, der Samen von Ihrem Mann und die Befruchtung außerhalb des Körpers im Reagenzglas stattfindet. Abgesehen von den medizinischen und psychischen Schwierigkeiten wie der Belastung durch Hormonbehandlung und einer Erfolgschance von lediglich 10 bis 20 Prozent pro Behandlung, geht diese Methode jedoch auch mit ethischen Problemen einher. Dazu zählen die relativ hohe Rate an absterbenden Embryonen und die Eröffnung der Möglichkeit zu ethisch kritischeren Techniken wie der Selektion von Embryonen oder deren Verwendung zu anderen Zwecken. Demgegenüber steht, neben den Interessen der Kinder, die ohne diese Prozedur nie zur Welt kämen, vor allem Ihre Möglichkeit zur Fortpflanzung, die Ihnen anders womöglich verschlossen bleibt. Sie selbst können darauf jederzeit verzichten, bedenklich würde es, wenn es Ihnen ein Fremder verwehrte. Und keinesfalls müssten Sie sich als Frau zugunsten zukünftiger Kinder oder der Wünsche Ihres Mannes aufopfern.

Ihnen scheint es jedoch vor allem um die »Künstlichkeit« des Zeugungsvorgangs zu gehen, was Sie – meiner Meinung nach eher zu Unrecht – das »Herstellen von Menschen« nennen. Ähnlich argumentiert auch die katholische Kirche; sie erachtet künstliche Insemination und Befruchtung als »unsittlich, weil sie die Zeugung von dem Akt trennen, bei dem sich die Gatten einander hingeben, und so eine Herrschaft der Technik über den Ursprung und die Bestimmung der menschlichen Person errichten«.

Ich persönlich kann allerdings in einem Vorgang, der auf ausdrücklichen Wunsch informierter Eltern erfolgt, keine Herrschaft der Technik und erst recht keine Unsittlichkeit erkennen. Zudem bezieht sich die Künstlichkeit hier ja lediglich auf die technischen Umstände, während die eigentliche Zeugung, die Verschmelzung der beiden Zellkerne, nicht kontrolliert wird; welcher Mensch entsteht, bleibt also weiterhin dem natürlichen Ablauf überlassen. Deshalb sehe ich hier auch die Menschenwürde nicht gefährdet. Die bewusste Gestaltung seines Lebens gehört mit zum Wesen des Menschen.

Nicht schon allein, dass er es gestaltet, sondern wie und mit welchen Absichten, kann eine Bedrohung seiner Würde darstellen. Diese Gefahr scheint mir hier bei der rein technischen Unterstützung eines natürlichen Vorgangs ohne Eingriff in den Vorgang selbst nicht gegeben.

Aus diesen Gründen teile ich Ihre Bedenken zwar nicht, respektiere sie jedoch.

* * *

Dieter Birnbacher: Gefährdet die moderne Reproduktionsmedizin die menschliche Würde? In: Anton Leist (Hrsg.): Um Leben und Tod. Moralische Probleme bei Abtreibung, künstlicher Befruchtung, Euthanasie und Selbstmord, Suhrkamp Verlag, Frankfurt am Main 1990, S. 266–281.

Reiner Anselm, Manfred Balkenohl: Ethik in der Reproduktionsmedizin. In: Carl Schirren (Hrsg.): Unerfüllter Kinderwunsch. Leitfaden Reproduktionsmedizin für die Praxis, Deutscher Ärzte-Verlag, Köln, 3. Auflage 2003, S. 444–467.

»Gestern habe ich zum ersten Mal Blut gespendet, nach-
dem mir eine Freundin erzählt hatte, dass man 25 Euro als
Aufwandsentschädigung und zu essen und trinken be-
komme. Ehrlich gesagt habe ich also nicht Blut gespendet,
um anderen zu helfen, sondern wegen der sogenannten
Aufwandsentschädigung. Ist das unmoralisch oder nicht
immer noch besser, als gar nicht zu spenden?«

Michaela S., Berlin

Zu den eher seltenen Paarungen in Moralfragen dürften
Helmut Kohl und Immanuel Kant zählen, doch haben
sich beide zu Ihrem Problem geäußert. »Entscheidend
ist, was hinten rauskommt«, lautet eines der bekanntesten Zitate Kohls. In der Tat lässt sich aus der Sicht
des Ergebnisses wenig gegen Ihren Aderlass sagen – Geld
hin oder her. Dem Unfallopfer, das dank Ihrer Blutspen-
de gerettet wird, dürfte Ihre Motivation ziemlich egal
sein.

Unmoralisch im landläufigen Sinne, also der Moral
widersprechend, handeln Sie ohnehin keinesfalls, es
bleibt jedoch das Problem, ob Sie, nur weil bei Ihnen am
Ende Hilfe rauskam, auch positiv moralisch handelten.
Für Immanuel Kant war die Antwort klar: nein. Für ihn
zählte nur ein Beweggrund als moralisch: »Pflicht! du
erhabener großer Name, der du nichts beliebtes, was
Einschmeichelung bei sich führt, in dir fassest, sondern
Unterwerfung verlangst ...« Wichtig war für ihn, sich

nicht nur so zu verhalten, dass die Pflicht – in Ihrem Fall die, Hilflosen zu helfen – erfüllt wird, sondern so zu handeln, gerade um die Pflicht zu erfüllen: »Der Begriff der Pflicht fordert also an der Handlung, objektiv, Übereinstimmung mit dem Gesetze, an der Maxime derselben aber, subjektiv, Achtung fürs Gesetz als die alleinige Bestimmungsart des Willens durch dasselbe.« Kant war der Meinung, dass die Moralität, »der moralische Wert, lediglich darin gesetzt werden muss, dass die Handlung aus Pflicht, d. i. bloß um des Gesetzes willen, geschehe.«

Kohl oder Kant – wer hat recht? Beide. Kohl dachte, wie es der Soziologe Max Weber von einem Politiker forderte, verantwortungsethisch, also mit Blick auf die Folgen; Kant dagegen gesinnungsethisch mit Blick aufs Motiv. Und Sie stehen meiner Meinung nach dazwischen. In der Tat ist es besser, wegen des Geldes Blut zu spenden, als gar nicht, aber echte moralische Bonusmeilen für den späteren Freiflug ins Paradies erwerben Sie damit auch nicht.

* * *

Max Weber: Politik als Beruf, Reclam Verlag, Stuttgart 1992, S. 70 f.

Immanuel Kant: Kritik der praktischen Vernunft, Reclam Verlag, Stuttgart 1961, S. 139 (Akademie Ausgabe S. 144) und S. 131 (Akademieausgabe S. 154).

»Ich sehe auf der Straße oft schwangere Frauen, die rauchen. Und ich würde am liebsten jedes Mal hingehen und sie bitten, damit aufzuhören. Ich habe es aber noch nie fertiggebracht, auch weil ich ahne, dass es wenig nützen würde. In meinen Augen ist das Rauchen in der Schwangerschaft schon Kindesmisshandlung, und durch mein Schweigen toleriere ich sie. Wäre es nicht meine Pflicht, einzuschreiten, damit diese Frauen wenigstens ein Gefühl dafür bekommen, dass sie etwas tun, was geächtet ist?«

Marian S., Coburg

Wer hätte gedacht, dass es nach all den zermürbenden Diskussionen um das Rauchverbot in Gaststätten noch eine neue Variante gibt: der kleinste, exklusivste Mitraucherclub der Welt. Auf neun Monate begrenzte Mitgliedschaft. Und nur für Mitglieder, die von Anfang an dabei sind. Allerdings sind die Gäste definitiv unter 18 Jahre, und für sie trifft das Argument der Rauchverteidiger nicht zu, dass sie ja jederzeit woanders hingehen können, wenn sie der Qualm stört.

Jedoch zweifelt hier niemand ernsthaft an den möglichen negativen Folgen für das Kind: von Früh- und Fehlgeburten über Unterentwicklung und erhöhte Krankheitsneigung bis hin zum plötzlichen Kindstod. Dass die Mutter das Rauchen besser lassen sollte, kann man als gegeben voraussetzen. Nur: Sollten Sie sich da einmischen? Drastischer ausgedrückt: hinschauen oder wegschauen? Ich würde die Situation nicht mit Kindesmiss-handlung vergleichen, aber was würden Sie tun, wenn Sie sehen, dass Eltern ihr Kind im Hochsommer mittags in der Sonne im parkenden Auto zurücklassen? Vermutlich würden Sie etwas sagen, weil Sie eine Schädigung des Kindes befürchten. Und obwohl ich kein Freund von Einmischungen bin, bei den rauchenden Schwangeren spricht aus dem gleichen Grund auch manches dafür.

Das ist keine sehr angenehme Situation, und bei Fremden sieht es sicher anders aus als bei Freunden oder Verwandten. Dennoch halte ich einen Hinweis – ohne Bevormundung – für sinnvoll: Ob der Frau bewusst ist, wie sehr das Rauchen dem Kind schadet? Vielleicht weiß sie es tatsächlich nicht, vor allem aber neigt man bekanntlich dazu, unangenehme Tatsachen zu verdrängen; besonders wenn sie einer Sucht entgegenstehen. Zudem haben Untersuchungen gezeigt, dass die Motivation, das Rauchen während der Schwangerschaft aufzugeben, durch Einfluss von außen gesteigert werden kann – wenn man sich auch bei allen noch so sinnvollen Bemühungen vor Stigmatisierungen hüten muss. Die letzte Entscheidung, wie sie sich verhält, bleibt ohnehin bei der Schwangeren, deren Schicksal sich nicht von dem des Kindes trennen lässt. Sie muss hier, wie an so vielen Punkten, den Konflikt zwischen ihren Interessen und denen des Kindes persönlich austragen. Und verantworten.

* * *

Barbara von Richthofen-Krug: Rauchen und Schwangerschaft, impulse Heft 50/2006, Newsletter zur Gesundheitsförderung, hrsg. von der Landesvereinigung für Gesundheit Niedersachsen e. V., online abrufbar im Familienhandbuch des Staatsinstituts für Frühpädagogik (IFP) unter www.familienhandbuch.de.

M. Voigt, S. Straube, C. Fusch, G. Heineck, D. Olbertz, K. T. M. Schneider: Erhöhung der Frühgeborenenrate durch Rauchen in der Schwangerschaft und daraus resultierende Kosten für die Perinatalmedizin in Deutschland, Zeitschrift für Geburtshilfe und Neonatologie 2007; 211 (5), S. 204 – 210.

Jennifer Stuber, Sandro Galea, Bruce G. Link: Smoking and the emergence of a stigmatized social status, Social Science & Medicine 67 (2008), S. 420 – 430.

Bruce G. Link, Jo Phelan: Social Conditions as Fundametal Causes of Disease, Journal of Health and Social Behaviour 1995 (Extra Issue), S. 80 – 94.

Ronald Bayer und Jennifer Stuber: Tobacco Control, Stigma, and Public Health: Rethinking the Relations, American Journal of Public Health 96 (2006), S. 47 – 50.

»*Ein naher Verwandter ist kürzlich verstorben. Dass seine Krankheit aussichtslos war, wussten die Ärzte und wussten wir, die nächsten Verwandten. Er jedoch nicht. Die Ärzte begründeten ihr Schweigen mit seiner psychischen Labilität. So hat er bis zuletzt Pläne geschmiedet – und wir kamen uns vor wie Heuchler. Rechtfertigt der Optimismus, der das letzte Quäntchen Lebensqualität war, das dem Patienten noch blieb, unsere Unaufrichtigkeit?*«

Lea I., Passau

Auch in der Philosophie werden manche Ausdrücke besetzt, etwa »Das Prinzip Hoffnung« durch Ernst Blochs konkrete Utopie gleichen Namens, in der er die Hoffnung als das Prinzip sieht, das die Geschichte vorantreibt. In Ihrem Fall aber benötigt man die wörtliche Bedeutung, weil sie meiner Meinung nach die Antwort auf Ihre Frage darstellt.

Als Ausgangspunkt hat für mich zu gelten, dass jeder Mensch das Recht hat, über sich – und hier seine Krankheit – Bescheid zu wissen. Eine Ausnahme kann es nur in ganz besonderen Fällen geben, wenn ein Patient etwa die Wahrheit wortwörtlich nicht überleben oder seelisch daran zerbrechen würde. Dass dies die absolute Ausnahme zu sein hat, kann man theoretisch und praktisch begründen: theoretisch, weil man durch die Täuschung den Menschen zum Objekt degradiert; man beraubt ihn seiner Stellung als Subjekt, als Agent seines Lebens.

Praktisch bedeutet es, dass man dem Getäuschten die Möglichkeit nimmt, seine letzte Lebenszeit selbst zu bestimmen und noch das zu erledigen, was ihm wichtig ist.

Vielleicht will er sein Testament machen oder ändern; etwas Bestimmtes tun oder sehen, jemanden treffen, etwas für ihn Wichtiges mitteilen. Ihm das nicht zu ermöglichen, indem man ihm fälschlich vorgaukelt, die Zeit sei noch nicht gekommen, halte ich – trotz bester Absicht – für falsch verstandene Humanität.

Die Wahrheit zu sagen bedeutet aber nicht, alle Hoffnung zu nehmen. Das wäre ohnehin vermessen, da niemand die Zukunft wirklich kennt. Es gilt aufrichtig zu sein, aber das Prinzip Hoffnung zu belassen.

Dennoch haben Sie deshalb nicht unbedingt falsch gehandelt. Ich habe die Erfahrung gemacht, dass Schwerstkranke oft sehr genau wissen, wie es um sie steht, auch wenn es nie ausgesprochen wird und sie es nicht hören wollen. Das Recht auf Wahrheit beinhaltet keine Pflicht, sie entgegenzunehmen. Aber man sollte sie nicht verweigern.

* * *

Ernst Bloch: Das Prinzip Hoffnung, 3 Bände, Gesamtausgabe Band 5, Suhrkamp Verlag, Frankfurt am Main, 8. Auflage 1985.

Volker Schürmann: Hoffnung. In: Hans Jörg Sandkühler (Hrsg.): Enzyklopädie Philosophie, Meiner Verlag, Hamburg 1999, S. 556 – 563.

Zu den rechtlichen Fragen:

Klaus Ulsenheimer: Arztstrafrecht in der Praxis, C. F. Müller Verlag, Heidelberg, 4. Auflage 2007, vor allem Randnummer 63.

9. SCHULE UND AUSBILDUNG

»Wie jedes Jahr zum Valentinstag veranstaltet die Schüler-
vertretung unseres Gymnasiums heuer eine Rosenaktion:
Schülerinnen und Schüler können sich für einen Euro gegenseitig gelbe, weiße, rote Rosen oder Grußkarten schicken. Wenn dann am 14. Februar die Boten durch die Klas-
senzimmer gehen, fängt der unausgesprochene Wettstreit
an. Wer bekommt die meisten Rosen? Und von wem? Wer
gar keine? Ich finde, dass diese Aktion alles andere als ver-
bindend ist! Sollte man das Ganze nicht besser abschaf-
fen?«   Julia L., Oberhaching*

Ich bin ebenso wenig ein Freund von Zuneigungsbekun-
dungen nach dem Kalender wie von emotionalen Mas-
senveranstaltungen. Insofern stehe ich dem Valentinstag skeptisch gegenüber. Andererseits sollte man jede
Aktivität begrüßen, mit der Menschen sich ihre Zuneigung ausdrücken. Das trifft auf den Valentinstag sicherlich zu, ganz unabhängig davon, woher dieser – am Ende
dann doch eher unpersönliche – Brauch nun kommt,
wie er hierzulande populär wurde oder welche Branche
damit ihre Absatzinteressen verfolgt. Kurz, ein zusätz-
licher Anreiz, einem nahestehenden Menschen zu zeigen, dass man ihn mag, eignet sich im Prinzip, das Zusammenleben zu verbessern.

Gilt das auch für die organisierte Blumenverteilung?
Da habe ich meine Bedenken. Die Fans der legendären
Peanuts-Comics von Charles M. Schulz kennen die Nöte

von Charlie Brown am Valentinstag. Ihm passiert genau das, was du als negative Folge beschreibst. In der verfilmten Episode »Be my Valentine« wartet er sehnsüchtig auf Valentinskarten, und obwohl er jedem in der Klasse eine geschrieben hat, erhält er keine einzige, was ihn kränkt und seine Rolle als ewiger Verlierer zementiert. In der Tat stellt die Anzahl der erhaltenen Karten in den USA einen Gradmesser der Beliebtheit dar. Das könnte man zwar als jährlich wiederkehrenden Anreiz ansehen, sich sozial richtig zu verhalten; ich fürchte jedoch, dass dabei eher die Schwächeren unter die Räder kommen – wie eben unser liebenswerter, aber von den Mitschülern übergangener rundköpfiger Freund.

Damit soll nicht aus politischer Korrektheit heraus eine nette Aktion in Frage gestellt werden, nur weil sie auch weniger schöne Nebeneffekte aufweist; aber der menschliche Gewinn eines nahezu industrialisierten Aufmerksamkeitsaustausches erschließt sich mir ohnehin nicht auf Anhieb.

* * *

Be My Valentine, Charlie Brown, Erstausstrahlung auf CBS am 28. Januar 1975.

»Ein unter Depressionen leidender Student bleibt in einer wichtigen Klausur knapp unterhalb der geforderten Mindestpunktzahl. Ist es in Ordnung, da ein Auge zuzudrücken, weil es ihn extrem belasten oder vielleicht sogar überlasten würde, wenn er durchfiele? Als Korrektor könnte ich mir sagen, dass der Student nicht über sein volles Leistungsvermögen verfügte. Aber ist es nicht trotzdem unfair gegenüber den anderen, die durchfallen?«

Jochen K., Dortmund

Als Korrektor gilt für Sie eine wichtige Regel: Allen Studenten gegenüber gerecht zu sein und niemanden zu bevorzugen. Um dies zu erreichen, müssen Sie die Leistung nach dem beurteilen, was in der für alle gleichen Prüfungssituation erbracht wurde, also danach, was auf dem Papier steht. Nun ist das Umgehen von Regeln nicht gerade mein Steckenpferd, ich plädiere eher für solche, die Sonderfälle einbeziehen, hier etwa durch eine mündliche Nachprüfung. Aber wenn es jemanden gibt, der Erfahrung haben muss, wie man Abweichungen von Dogmen rechtfertigt, dann ist es die katholische Kirche.

Und tatsächlich hat sie in ihre Moraltheologie ein Prinzip aufgenommen, das sie allerdings, warum auch immer, nicht groß an die Tür des Petersdoms schlägt oder den päpstlichen Lehrschreiben beiheftet: Die Epikie, zu deutsch Billigkeit. Sie geht zurück auf Aristoteles, der feststellte, dass das Gesetz – und damit das Gerechte – allgemein formuliert sein müsse. Deshalb brauche man eine »Korrektur des gesetzlich Gerechten«, die es erlaubt, in besonderen Einzelfällen von der Regel abzuweichen: »Billigkeit ist die Korrektur des Gesetzes da, wo es wegen seiner allgemeinen Formulierung mangelhaft ist.«

Dies griff der Kirchenlehrer Thomas von Aquin auf, der meinte, dass es in manchen Fällen nicht nur erlaubt, sondern sogar Pflicht sein könne, »unter Absehen vom Gesetzeswortlaut dem zu folgen, was die innere Gerechtigkeit und der gemeinsame Nutzen fordern«. Epikie sei »gleichsam die höhere Regel der menschlichen Handlungen«.

Ein Abweichen ist also in besonderen Einzelfällen moralisch vertretbar. Allerdings mit größter Vorsicht, denn Regeln haben ja oft ihren Sinn: Bei der Abschlussprüfung eines Kerntechnikers etwa, der mit dem Zeugnis dann ein Atomkraftwerk steuern darf, würde ich persönlich es begrüßen, wenn Sie eine auf Fachwissen und Belastbarkeit beharrende Strenge walten ließen.

* * *

Aristoteles: Die Nikomachische Ethik. Aus dem Griechischen und mit einer Einführung und Erläuterungen versehen von Olof Gigon, dtv, München 2002, S. 227–228, 1137a–1138a.

Thomas von Aquin: Summe der Theologie, Kröner Verlag, Stuttgart 1985, 2–2 qu. 120; 1–2 qu. 96.

»Im Physikunterricht meines vierzehnjährigen Sohnes wurde ein Kabel mutwillig zerstört. Der Lehrer weiß nicht, wer es war – die Kinder schon: ein Junge, der schon so viel angestellt hat, dass er nun wegen dieser Sache von der Schule flöge. Die Klasse hat sich entschlossen, ihn zu dek-ken und die Strafe als Kollektiv auf sich zu nehmen. Der Lehrer ist entsetzt, die Eltern loben ihre Solidarität. Wer hat recht?« Andrea Z., Halle

Zunächst gilt es hier der Gefahr vorzubeugen, dass der Lehrer die Solidarität der Schüler als gegen sich gerichtet auffasst, erklärte mir eine Pädagogikprofessorin, mit der ich den Fall besprochen habe; schließlich sollte es in der Schule nicht um eine Konfrontation gehen, sondern um ein Miteinander. Dem kann ich mich nur anschließen, zumal der Lehrer im Grundsatz recht hat. Strafe ist – richtig angewendet – kein Terrorinstrument oder Selbstzweck, sondern soll ein Ziel verfolgen. Speziell in der Schule soll sie, als Teil des pädagogischen Konzepts, erziehen oder den Schulalltag aufrechterhalten. Und das mutwillige, vorsätzliche Zerstören von Unterrichtsmitteln ist nun mal Unrecht. Es stellt also ein völlig legitimes Unterfangen dar, den Übeltäter dafür zur Rechenschaft zu ziehen.

Das durchkreuzen die Schüler durch ihre Aktion. Und trotzdem gefällt sie mir. In der Werteerziehung kennt man »Schülerparlamente« und »Schülergerichte« zur

Vermittlung von Werten und Demokratie. So etwas Ähnliches scheint hier informell entstanden zu sein, wenn sich die Schüler spontan und wohl einstimmig über ihr Vorgehen verständigt haben. Für das Unrecht, das geschehen ist, nehmen sie eine Strafe auf sich, die alle – auch den Missetäter – trifft; sie haben sozusagen nur das Strafmaß reduziert. Und das Unrecht hält sich im Rahmen.

Der Missetäter hat keinen anderen Schüler verprügelt oder Ähnliches. Dennoch sollten die Mitschüler ihm auch klarmachen, dass das ein einmaliger Akt ist, der ihm keinen Freibrief ausstellt. Dann erhält er eine Chance zur Bewährung innerhalb der Schülergemeinschaft. Und das ist auch wichtig: Der Schüler, der so viel ausgefressen hat, dass ihm ein Schulverweis droht, kann, wenn sich die Klasse solidarisch zeigt, in die Ordnung der Klasse aufgenommen werden, er wird mit anderen Worten resozialisiert – und das ist speziell bei Jugendlichen das höchste Ziel jeglicher Strafe.

* * *

Georg Lind: Moral ist lehrbar, Oldenbourg Verlag, München 2003, (dort insbesondere ab S. 95).

Detlev Horster / Jürgen Oelkers (Hrsg.): Pädagogik und Ethik, VS Verlag für Sozialwissenschaften, Wiesbaden 2005.

Detlef Horster (Hrsg.): Moralentwicklung von Kindern und Jugendlichen, VS Verlag für Sozialwissenschaften, Wiesbaden 2007.

*»Es ist verboten, die Kinder am letzten Tag vor Ferienbe-
ginn vom Unterricht zu befreien. Ein paarmal waren Flüge
zu unserem Urlaubsziel jedoch überhaupt nur zu haben,
wenn unsere Kinder den letzten Tag schwänzten. Es geht
mir eigentlich gegen den Strich, eine plötzliche Erkrankung vorzutäuschen, und glaubwürdig ist es auch nicht.
Dennoch frage ich mich, ob wir verpflichtet sind, sündteu-
re (Flug-)Umwege in Kauf zu nehmen, nur damit die Kinder vier Stunden Unterricht besuchen können, in denen
mit Sicherheit nichts mehr läuft.«*

Antonia F., München

Die einfachste Antwort könnte lauten, dass Schule-
schwänzen nun einmal verboten ist und Sie als Eltern
für die Aktion sogar bestraft werden können. Pädagogen
fragen kritisch, ob Sie Ihren Kindern beibringen wollen,
dass sie mit Lügen leichter durchs Leben kommen. Daneben verweisen sie auf die sozialen Werte, die gerade
bei den gemeinsamen Aktionen der letzten Schultage
gefördert würden, und auf die Situation, in die man die
Kinder bringt, die braungebrannt eine angeblich durch-
littene Erkrankung vortäuschen müssen. Dem könnten
Sie allerdings entgegnen, dass es doch auch pädagogisch
wertvoll sei, Kinder nicht zu blindem Regelgehorsam zu
erziehen. Überdies werden viele nicht müde, den Wert
der Familie und deren finanzielle Belastungen zu betonen. Da müsste ein gemeinsamer Familienurlaub, den

man sich sonst nicht leisten könnte, doch vieles aufwiegen.

Ich bin kein Pädagoge, deshalb möchte ich auf zwei moralphilosophische Gedanken abstellen: zunächst das »Slippery Slope«-Argument, das Problem der schiefen Ebene. Wenn man den letzten Schultag freigibt, wird der vorletzte zum letzten, und das kann immer so weitergehen. Nur: wie weit? Ein klarer Stichtag stellt somit nicht unbedingt eine Gängelung dar, sondern eine notwendige Festlegung. Das für mich überzeugendste Argument liefert hier jedoch die klassische Überlegung der Universalisierung: Was wäre, wenn das alle täten? Sie ist hier keinesfalls banal, sondern führt zu einer überraschenden Erkenntnis. Dann würde nicht nur das Schuljahresende immer weiter nach vorn wandern, sondern auch die Flugpreise würden wegen der höheren Nachfrage früher auf das Ferienniveau steigen. Das aber bedeutet, dass Sie derzeit nur deshalb vor Schulende günstigere Flüge bekommen, weil andere sich im Gegensatz zu Ihnen an die Regeln halten und mehr bezahlen. Sie sparen also auf deren Kosten. Das aber ist unmoralisch.

»Letztes Jahr war ich mit meiner Klasse im Kino. Den Eintritt bezahlte ich aus der Klassenkasse. Ich übersah, dass eine Schülerin krank war, und bezahlte eine Karte zu viel. Da wir auch dieses Jahr wieder ins Kino gingen, beschloss ich, einfach für einen Schüler weniger zu zahlen. Das funktioniert, weil im Kino nicht jeder Schüler kontrolliert wird. Erst an der Kasse fiel mir auf, dass wir dieses Jahr in ein anderes Kino gingen. Doch da war es zu spät. Ich hatte das Geld abgezählt, und andere Klassen drängten an der Kasse nach.« Rainer P., Leipzig

Fast wäre ich versucht, zu sagen: Was soll's. Das sind Randunschärfen, die man dem Leben schuldet. Schließlich lebt man nicht am grünen Tisch oder im Mathematikheft, sondern in der Realität mit ihren Unwägbarkeiten. Und die Moral nährt sich nicht in erster Linie vom Abzählen von Geldbeträgen. Im Gegenteil, darüber vergisst man schnell, worum es eigentlich geht, und gibt sich dem trügerischen Gefühl hin, wenn man alles auf den Cent genau rechnete, sei es automatisch auch moralisch richtig.

Wäre da nur nicht das Malheur mit den verwechselten Kinos – das hinterlässt einen seltsamen Nachgeschmack. Und der scheint mir vor allem daran zu liegen, dass schon Ihr Ansatz sich eines mir äußerst suspekten Mittels bedient: der »Geheimaufrechnung«. Im Grunde ist die Aufrechnung eine feine Sache: Ich schulde dir etwas, du schuldest mir genauso viel, einer erklärt die Aufrechnung, und beide Schulden sind verschwunden. Juristisch handelt es sich um eine einseitige empfangsbedürftige Willenserklärung, sprachphilosophisch um einen deklarativen Sprechakt. Beiden Betrachtungsweisen ist gemein, dass das Gewollte ausgesprochen werden und beim Gegenüber ankommen muss. Das haben Sie unterlassen, und so entstand dabei ein Fehler: Die Erklärungspflicht dient auch dazu, dem anderen die Möglichkeit zu geben, das Ansinnen zurückzuweisen oder Irrtümer aufzuklären. Fürchteten Sie, der Kinobetreiber könnte widersprechen? Das darf er, und dieses Recht nimmt man ihm, wenn man es mit sich im Geheimen abmacht.

Bezogen auf das Ergebnis, geht es wohl wirklich nur um eine Randunschärfe, zumal der Mann an der Kasse bei Offenlegung vermutlich genickt und den Schüler durchgewinkt hätte. Vermutlich, denn wissen können Sie es nicht. Genau das ist das Problem der Geheimaufrechnung.

* * *

Bürgerliches Gesetzbuch (BGB)

§ 387 Voraussetzungen
Schulden zwei Personen einander Leistungen, die ihrem Gegenstand nach gleichartig sind, so kann jeder Teil seine Forderung gegen die Forderung des anderen Teils aufrechnen, sobald er die ihm gebührende Leistung fordern und die ihm obliegende Leistung bewirken kann.

§ 388 Erklärung der Aufrechnung
Die Aufrechnung erfolgt durch Erklärung gegenüber dem anderen Teil. Die Erklärung ist unwirksam, wenn sie unter einer Bedingung oder einer Zeitbestimmung abgegeben wird.

10. RECHT UND GESETZ

»Als der Prozess gegen die Münchner U-Bahn-Schläger zu Ende ging, habe ich mich spontan darüber gefreut, dass das Gericht langjährige Haftstrafen verhängt hat. Später war ich mir nicht mehr so sicher, ob das hohe, ja drakonische Strafmaß von zwölf bzw. achteinhalb Jahren angemessen ist. Seitdem bin ich hin- und hergerissen: Einerseits finde ich es gut, dass der Staat Härte zeigt gegen solche Brutalität, andererseits weiß ich nicht, ob es in Ordnung ist, an jungen Menschen ›ein Exempel zu statuieren‹. Darf ich mich darüber freuen, dass ein Mensch eine hohe Strafe erhält, noch dazu, wenn ich von dem Fall nicht direkt betroffen bin?«   *Ulrike K., München*

Warum bestraft man Verbrecher? Im Grunde gibt es drei Ansätze: Vergeltung, Spezialprävention und Generalprävention. Vergeltung ist der archaischste Strafzweck, sie liegt dem Talionsprinzip »Auge um Auge, Zahn um Zahn« zugrunde, der Kant'schen Idee, dass, wenn eine Gesellschaft sich auflöste, vorher der letzte Mörder hingerichtet werden müsse. In dieselbe Richtung zielt das Hegel'sche Diktum, wonach das Verbrechen die Negation des Rechts darstelle und die Strafe die Negation dieser Negation, somit ein »Aufheben des Verbrechens, das sonst gelten würde«.

Allerdings kennt man seit Seneca die Aussage: »Kein kluger Mensch straft, weil gesündigt worden ist, sondern damit nicht gesündigt werde.« Platon hatte dazu in den

»Nomoi« das schlagende Argument formuliert, dass sich eben durch die Strafe »das Geschehene nicht ungeschehen machen« lasse.

Dieses Problem vermeidet man, wenn man den Zweck der Strafe in der Verhinderung von Verbrechen sieht. Die Spezialprävention will den Täter selbst von weiteren Taten abhalten, resozialisieren – dieses Ziel bzw. das Normlernen hat bei Jugendlichen Vorrang. Nach der Generalprävention soll die Strafdrohung andere von Verstößen abhalten, die Bestrafung das Gefühl der Rechtstreue stärken und die Gesellschaft stabilisieren. Übersteigt allerdings das Strafmaß »um ein Exempel zu statuieren« die Schuld des Täters, wird dieser zum Mittel der Verbrechensbekämpfung gemacht, unzulässig instrumentalisiert. Die Schuld muss, wie der Strafrechtler Claus Roxin betont, die Strafe begrenzen, kann sie jedoch nicht allein begründen.

Freude über harte Bestrafung ist somit problematisch. Allerdings wäre eine Rechtfertigung denkbar: Sokrates meinte, dass die Gerechtigkeit nicht nur wegen ihrer Folgen, sondern auch um ihrer selbst willen geliebt werden muss. Wenn man das Urteil in obigem Sinne als »gerecht« empfindet, kann man sich ohne schlechtes Gewissen über diese Gerechtigkeit freuen.

* * *

Claus Roxin: Strafrecht, Allgemeiner Teil, Band I: Grundlagen. Der Aufbau der Verbrechenslehre, Verlag C. H. Beck, München, 4. Auflage 2006. § 3 bietet einen hervorragenden Überblick über die Strafzwecktheorien.

Seneca: De ira, Liber I XIX-7: »Nam, ut Plato ait: ›nemo prudens punit, quia peccatum est, sed ne peccetur …‹« Erhältlich in verschiedenen Ausgaben, z. B.:

Lucius Annaeus Seneca: Philosophische Schriften. Erster Band. Dialoge. Dialoge I–VI. Übersetzt, mit Einleitungen und Anmerkungen versehen von Otto Apelt, Meiner Verlag, Hamburg.

Platon: Nomoi (Gesetze), 11. Buch 934 a.
Platon: Politeia (Der Staat), 2. Buch 357a (Sokrates diskutiert mit Glaukon über die Gerechtigkeit).
Erhältlich in verschiedenen Ausgaben, z. B.:
Platon: Sämtliche Werke, Rowohlt Verlag, Reinbek bei Hamburg, Band 2 (Politeia), Band 4 (Nomoi).

Immanuel Kant: Die Metaphysik der Sitten, § 49 E I.

Georg Wilhelm Friedrich Hegel: Grundlinien der Philosophie des Rechts, §§ 99, 101.

Meier / Rössner / Schöch: Jugendstrafrecht, Verlag C. H. Beck, München, 2. Auflage 2007. Dort insbesondere § 1 Grundlagen und Grundzüge des Jugendstrafrechts und § 11 Jugendstrafe.

»Kürzlich habe ich in einem Fahrradladen ein gutes ge-
brauchtes Fahrrad zu einem sehr guten Preis gesehen.
Spontan kam mir in den Sinn, dass es perfekt für meinen
Bruder sein könnte. Ich rief ihn an, und wir beschlossen,
dass ich das Fahrrad für ihn kaufen sollte. Als ich es nach
Hause brachte, merkte ich, was das für ein tolles Stück ist,
und entschied, es für mich zu behalten. Das hat eine leb-
hafte Debatte in unserer Familie ausgelöst. Wie sehen Sie
das?«   Horst B., Leer

Wieder einmal eine Konstellation, die einem juristi-
schen Lehrbuch entnommen sein könnte. Dort stünde
am Ende die Frage, wer Eigentum an dem Fahrrad erworben hat. Nun hoffe ich, dass Sie und Ihr Bruder die Sache
ohne Einschaltung der Gerichte lösen wollen, weshalb
es hier weniger interessiert, wem das Fahrrad im Rechts-
sinne gehört, sondern nur, wem es gerechterweise zusteht.

Und da kann man unterschiedlicher Meinung sein.
Einerseits haben Sie das Fahrrad, wie Sie selbst schreiben, »für« Ihren Bruder gekauft. Sie haben ihm mit dem
Kauf zwar einen Gefallen erwiesen, das aber ändert
nichts an der Tatsache, dass es von Anfang an »sein«
Fahrrad war. Auf der anderen Seite lässt sich argumentieren, dass Sie das Schnäppchen entdeckt haben und es
nicht ganz einzusehen ist, warum sich statt Ihrer nun Ihr
Bruder daran erfreuen soll, wo er doch nichts anderes

getan hat, als den Telefonhörer abzunehmen und ja zu sagen.

Beides lässt sich vertreten; ich persönlich finde, dass mehr in Richtung Ihres Bruders spricht: Sie wollen das Rad behalten, weil Sie, nachdem Sie es gekauft hatten, seinen wahren Wert erkannten. Hätte es sich hingegen nicht als so immens tolles Stück oder gar als rechte Krücke entpuppt, wäre es das Rad Ihres Bruders geblieben. Er trug also das Risiko, dann soll er auch den Gewinn haben. Schließlich ein Aspekt auf einer ganz anderen Ebene: Entstanden ist das Problem, weil Sie »bereuen«, sich das Rad nicht selbst gekauft zu haben. Anstelle konfliktträchtiger Aktionen hilft in solchen Situationen vielleicht mehr Gelassenheit, wie man vom großen Montaigne lernen kann: »Bei allen Geschäften, wenn sie einmal vorüber sind, ganz gleich wie, da bedauere ich nie, dass ich es nicht anders gemacht habe; der Gedanke, dass die Dinge so laufen mussten, nimmt mir allen Kummer; nun sind sie einmal in den großen Strom der Welt eingegangen.«

* * *

Michel de Montaigne: Die Essais, übersetzt von Arthur Franz, Drittes Buch, Zweites Kapitel, Von der Reue, Reclam Verlag, Stuttgart 1984, S. 291.

»*Einige Kollegen sehen über einen manipulierten Fernseh-*
Decoder das komplette Programm von Premiere kostenlos,
was im Abo fast 70 Euro monatlich kosten würde. Die
Kollegen beteuern, Premiere nicht zu schädigen, da sie,
wenn sie dafür bezahlen müssten, darauf verzichten wür-
den. Ich bin anderer Meinung: Ich bezahle auch deshalb
für in Anspruch genommene Leistungen, weil ich selbst ja
auch für meine Leistung, sprich meine Arbeit, bezahlt
werden möchte. Das Handeln der Kollegen empfinde ich
als Diebstahl, also als kriminelle Handlung. Wie sehen Sie
das?«   *Peter B., Rosenheim*

Lassen wir das Strafrecht einmal außen vor. Aber beim
Nachdenken ohne Paragraphen hilft vielleicht folgende
Überlegung: Fragen Sie Ihre Kollegen, ob sie auch jeden
Monat 70 Euro aus der Tasche des Premiere-Vorstandes
holen würden. Bestimmt nicht, also woher kommt diese
Unterscheidung?

Vielleicht aus der Unmittelbarkeit: Stiehlt ein Ta-
schendieb ein Portemonnaie, hat sein Opfer eine leere
Tasche. Beim Kaufhausdiebstahl fehlt die Ware im Regal
und bei der Inventur, aber man sieht keinem Bestoh-
lenen persönlich ins Antlitz. Noch anonymer wird es
bei Versicherungsbetrug oder Steuerdelikten. Beim
Schwarzfahren schließlich gibt es nicht einmal mehr
einen Geldabfluss, der Schaden verliert die Materialität.
Tatsächlich spiegelt sich genau diese Abstufung im Ver-

halten wider, wie eine repräsentative Umfrage zeigt: Während etwa ein Viertel der Befragten schon einmal schwarzgefahren ist, haben nur zehn Prozent Steuern hinterzogen und vier Prozent im Kaufhaus gestohlen (Taschendiebstahl lehnen hoffentlich fast alle ab).

Dies passt zu der Theorie, dass sich unsere Moral für das Leben in kleinen Stammesverbänden entwickelt hat. Dem direkten Gegenüber zu schaden empfinden wir intuitiv als schlecht, je abstrakter die Situationen, desto weniger hilft das Gefühl.

Hier geht es noch einen Schritt weiter. Wenn es wirklich stimmt, dass Ihre Kollegen nicht gegen Bezahlung schauen würden, entgeht dem Sender tatsächlich auch kein Entgelt. Das Falsche daran erkennen wir erst, wenn wir die Vernunft einsetzen und das Prinzip der Verallgemeinerung anwenden: Ihre Kollegen handeln als »moral free rider – moralische Trittbrettfahrer«. Ihr Verhalten ist nur möglich, weil andere sich an die Regeln halten und zahlen. Wenn alle schwarzsähen, könnte kein Bezahlsender existieren, und es gäbe sein Programm nicht. Deshalb: Nur weil das moralische Gefühl auf die Entfernung schwächelt, wird falsches Handeln nicht richtig.

* * *

Umfrage von TNS Emnid im Auftrag von *chrismon*, Befragungszeitraum: 23.08.–31.08.2008, 1131 Befragte, erschienen in *chrismon* 10/2008. Online abrufbar unter http://www.chrismon.de/3371.php

>>*Die Bewohnerin eines Pflegeheims, die als äußerst schwierig gilt, spendierte den Betreuerinnen einen Kasten Apfelschorle, den einige Pflegerinnen nicht annehmen wollten mit der Begründung, sie seien nicht bestechlich. Eine neue Pflegehilfskraft war dagegen der Meinung, man dürfe diese Geste der Dankbarkeit und vielleicht auch der Entschuldigung nicht zurückweisen. Was meinen Sie?*<<*

Lise R., Zuffenhausen

Leider schreiben Sie nicht, ob es eine feste Regelung für Geschenke an Mitarbeiter des Heims gibt. Falls dies nicht der Fall ist und die Pflegerinnen die kleine Gabe nur abgelehnt haben, weil sie von der schwierigen Bewohnerin kam, spräche so manches für die Meinung der jungen Hilfskraft. Allerdings hängt dann viel von den genaueren Umständen ab.

Wesentlich wahrscheinlicher ist jedoch, dass es, wie in vielen Heimen, ein allgemeines Verbot für die Annahme von Geschenken gibt. Und dann stellt sich die interessante Frage, ob man hier eine Ausnahme hätte machen dürfen. Das könnte man unter Berufung auf die >>Epikie<<: Nach diesem auf Deutsch >>Billigkeit<< genannten Grundsatz, der auf Aristoteles zurückgeht, soll man im Einzelfall von einer festen Regel abweichen, wenn das Festhalten an ihr unangebracht wäre, weil der spezielle Fall anders liegt als der, für den die Regel gedacht war.

Aber ich finde, obwohl ich ein großer Freund der Epikie bin, man würde es sich hier mit ihr zu leicht machen. Ich weiß, dass ich mich und die Moral beliebt machen kann, wenn ich sie als die Institution darstelle, mit der man sich großen Geistes über die Niederungen der Gesetze und Vorschriften erhebt. Das kann manchmal geboten sein, aber auch Vorschriften haben einen moralischen Gehalt: nicht nur wegen ihres jeweiligen Inhalts, sondern oft gerade wegen ihres Anspruchs, ausnahmslos zu gelten.

Und genau das sehe ich hier: teils, weil so am effektivsten tatsächlicher Bestechung vorgebeugt wird – und die kann man auch schon in einem Apfelschorlekasten erblicken. Vor allem aber, weil eine strikte Regelung entlastend wirkt, hier gerade auch im Verhältnis zu den Bewohnern. Dass generell nichts angenommen werden darf, ist leichter zu vermitteln und weniger schnell als persönliche Kränkung aufzufassen, als wenn man von Fall zu Fall – und sei es noch so berechtigt – unterschiedlich entscheidet und das eine Geschenk zurückweist und das andere nicht.

* * *

Aristoteles: Nikomachische Ethik, 5. Buch, 1137 a32 ff.

Thomas von Aquin: Summe der Theologie, 2 – 2 qu. 120; 1 – 2 qu. 96.

Günter Virt: Epikie – verantwortlicher Umgang mit Normen, Mathias-Grünewald-Verlag, Mainz 1983.

»Als ich hörte, dass der Regisseur Roman Polanski in Zürich verhaftet wurde, war ich empört. Er soll vor über 30 Jahren in den USA eine Dreizehnjährige verführt oder vergewaltigt haben. Heute sagt sein Opfer, sie habe ihm verziehen, und wünscht, dass das Ganze ein Ende habe. Ich finde, dann gibt es keinen Grund mehr, einen alten, verdienten Mann einzusperren. Liege ich so falsch mit meinem Gefühl von Gerechtigkeit?« Barbara P., Bonn

Ein Oscar schützt vor Strafe nicht. Oder doch? Unbestritten hat sich Roman Polanski als Künstler hochverdient gemacht. Nur, darf sich das auf eine Strafverfolgung auswirken? Ich denke, nicht. Es mag auf das Strafmaß Einfluss haben, wie sehr ein Täter seinen festen Platz in der Gesellschaft gefunden hat. Ein Verfahren aber nur deshalb völlig einzustellen, weil der Verdächtige geachtet oder prominent ist, widerspräche eklatant unseren Gerechtigkeitsvorstellungen, nach denen vor dem Gesetz alle gleich zu sein haben.

Wie sieht es mit der Vergebung durch das Opfer aus? Kann sie das öffentliche Interesse an einer Strafverfolgung entfallen lassen? Bei einem Sexualdelikt mit Minderjährigen schwerlich. Die Vergebung kann nur das Verhältnis zwischen Täter und Opfer verändern. Der Unrechtsgehalt einer Tat und der Strafanspruch des Staates sind davon getrennt, unabhängig davon, als wie verwerflich und strafwürdig man Polanskis Verhalten im konkreten Fall nun wertet.

Natürlich könnte man darüber streiten, ob es richtiger wäre, eine Tat nach so langer Zeit verjähren zu lassen, wie es bei uns geschieht. Aber sicherlich gibt es rechtsstaatliche Gründe dafür, für den Missbrauch von Minderjährigen eben keine Verjährung zuzulassen, wie in den USA.

Bleibt die Frage, ob dies alles eine Verhaftung und Auslieferung Polanskis rechtfertigt. Ich finde, ja – trotz der Proteste aus Kultur und Politik. Zwar stehe ich den harten, zum Teil drakonischen Strafen in den USA sehr kritisch gegenüber. Dennoch halte ich es für legitim, dass ein Land und seine Gerichte die angesprochenen Fragen vor dem zuständigen Richter in dem dafür vorgesehenen Verfahren klären möchten. Auch wenn Polanski vermutlich nach dem Prozess Gericht und Land wieder frei verlassen kann, setzt das Recht dennoch ein Zeichen, dass sich ein Täter nicht so einfach entziehen kann. Auch dazu dienen Auslieferungsabkommen und internationale Haftbefehle.

* * *

Anmerkung: Mittlerweile hat das Eidgenössische Justiz- und Polizeidepartement die Auslieferung abgelehnt und alle freiheitsbeschränkenden Maßnahmen gegen Roman Polanski aufgehoben: http://www.admin.ch/aktuell/00089/index.html?lang=de&msg-id=34264

Claus Roxin: Strafrecht AT, Band 1, 4. Auflage, Verlag C. H. Beck, München 2005, § 3.

Winfried Hassemer: Warum Strafe sein muss, Ullstein, Berlin 2009.

Immanuel Kant: Metaphysik der Sitten, § 49 E.

Georg Wilhelm Friedrich Hegel: Grundlinien der Philosophie des Rechts, § 99.

»Ein Kollege hörte die Stimme eines ihm nahestehenden Menschen nach dessen Tod. Die verstorbene Person gab ihm den Auftrag, wichtige Informationen an die im Diesseits Lebenden zu übermitteln. Der Kollege schrieb alle Anweisungen der Geisterstimme auf und veröffentlichte mit diesem Material unter eigenem Namen ein Buch, in dem er die von der Stimme erhaltenen Informationen genau kennzeichnete. Können die Nachfahren des Verstorbenen nun Tantiemenansprüche gegenüber dem Verfasser des Buches anmelden?«   Stephan W., Hamburg

Ihre Frage lässt den Begriff »Ghostwriter« in einem völlig neuen Licht erscheinen. Für gewöhnlich bleibt der Schreiber dabei ja geisterhaft unsichtbar, hier aber diktiert ein leibhaftiger Geist, was die Sache nicht eben einfacher macht.

Urteile zum Thema gemeinsame Urheberschaft gibt es viele, darunter auch solche mit vielversprechenden Namen wie »Kronprinzessin Cäcilie« oder »Rosaroter Elefant«. Die deuten immerhin auf höhere Kreise und Sphären oder aber geistige Getränke hin. Echte Geister hingegen scheinen für die deutsche Justiz schwerer zu fassen als andernorts. Der Oberste Gerichtshof in Wien ließ vor einigen Jahren ausdrücklich offen, wem ein »angeblich von jenseitigen Geisteswesen eingegebenes Werk als Urheber zuzurechnen ist«; das Schweizerische Bundesgericht dagegen konstatierte mit landestypischer Sorgfalt: »Jenseitige Wesen aber sind keine Subjekte schweizerischen Rechts (Art. 11 ZGB) und können daher nicht gedankliche Vorstellungen rechtswirksam zum Ausdruck bringen.«

Der Klassiker auf diesem Gebiet stammt aus Großbritannien, wo Richter J. Eve 1927 feststellte, dass seine Gerichtsbarkeit sich nicht auf die Sphäre erstrecke, in welcher der Geist des vor 2000 Jahren verstorbenen Kleophas lebt, jedoch »ruhen Autorenschaft und Copyright bei jemandem, der bereits auf der anderen Seite des unumgänglichen Flusses beheimatet ist«.

Nun ruht die Moral nie, deshalb könnte man für eine Lösung auf die in der Literatur genannten Hauptinteressen des Urhebers abstellen: das wirtschaftliche und das ideelle. Wirtschaftliche Sorgen hat der Verstorbene hoffentlich nicht mehr, ideell hatte er die Veröffentlichung offensichtlich genau so im Sinn, und falls er seinen Erben etwas vom Erlös zukommen lassen will, könnte er es in diesem sehr speziellen Fall dem Autor ganz einfach selbst sagen.

* * *

»Rosaroter Elefant«: Urteil des BGH vom 19. 10. 1994 – I ZR 156/92, GRUR 1995, 47.

»Kronprinzessin Cäcilie«: Beschluss des OLG Köln vom 14. 10. 1952 – 4 U 82/52, GRUR 1953, 499.

Urteil des Obersten Gerichtshofes vom 18. 10. 1994 – 4 Ob 92/94, GRUR Int. 1996, 663.

Urteil des Schweizerischen Bundesgerichts vom 14. 6. 1990 – 4 C. 151/1989/fs, ZUM 1991, 236.

Cummins v. Bond [1927] 1 Ch. 167, Rabels Zeitschrift für ausländisches und internationales Privatrecht, 2. Jahrgang 1928, S. 251.

»Wir wohnen seit sechs Jahren in einem Haus zur Miete, das auch über einen TV-Kabelanschluss verfügt. Bislang waren wir der Auffassung, dass der Kabelanschluss Bestandteil unserer Miete ist. Nun hat sich herausgestellt, dass die Kabelgebühren von unserem (offenbar nachlässigen) Vormieter bezahlt wurden. Besteht eine Verpflichtung, ihm diese Kosten zu erstatten, selbst wenn wir in den vergangenen Jahren so gut wie keinen Gebrauch vom Kabelangebot gemacht haben, ja es möglicherweise aus eigenem Antrieb bei dem terrestrischen Angebot hätten bewenden lassen?«   *Nico M., Berlin*

Haben Sie etwas erhalten, ohne dafür zu bezahlen? Vor allem, was war es wert? Versucht man das zu beantworten, merkt man schnell: Die Bestimmung von Werten bereitet bei TV-Programmen fast noch mehr Probleme als in der Ethik. Für den Handelswert genügt ein einfacher Blick in die Preislisten der Kabelanbieter. Schwerer wird's bei den Programmen selbst. Entscheiden hier die Produktionskosten, die Quote oder der Inhalt? Am schwierigsten dann der individuelle Wert: Der eine schätzt Dokumentationen über Vorderasien, der andere Volksmusik. Und beide verlangten vermutlich Schmerzensgeld, wollte man sie zwingen, das Traumprogramm der anderen zu verfolgen. Ganz zu schweigen von dem, der seine Ruhe will.

Was bedeutet diese Wertunsicherheit nun für Sie – jenseits aller Rechtsfragen? An dieser Stelle könnte helfen, sich auf Tugenden zu besinnen. Der französische Philosoph André Comte-Sponville betont, eine noch höhere Tugend als die der Ehrlichkeit, nämlich andere nicht zu belügen, sei »weder andere noch sich selbst zu belügen«. Hier scheint mir die Lösung zu liegen. Sie schreiben, dass sie »möglicherweise« selbst kein Kabel-TV geordert hätten. Das wirkt – verzeihen Sie – in erster Linie ausweichend. Was das wirklich bedeutet, müssen Sie eben erst einmal sich selbst gegenüber ehrlich feststellen. Hätten Sie auch das Breitband bestellt, sollten Sie es Ihrem Vormieter erstatten und nicht aus dem Zufall seiner Nachlässigkeit Kapital schlagen. Hätten Sie nichts abonniert, haben aber dennoch das vorhandene Angebot genutzt, scheint mir aus moralischer Sicht eine Teilerstattung sinnvoll. In welcher Höhe? Nun ja, wie viel Sie tatsächlich profitiert haben, wissen nur Sie. Aber seien Sie ehrlich.

* * *

André Comte-Sponville: Ermutigung zum unzeitgemäßen Leben. Ein kleines Buch der Tugenden und Werte, Rowohlt Verlag, Reinbek bei Hamburg, 2. Auflage 2001, S. 230.

11. FREUNDE UND BEKANNTE

»*Ein Freund bat mich, bei seinem Umzug zu helfen. Es fällt mir schwer, ihm die Bitte abzuschlagen. Andererseits habe ich selbst beim letzten Mal ein Umzugsunternehmen beauftragt, da ich meine Freunde nicht einspannen wollte. Zwar war es früher bei uns üblich, sich gegenseitig bei Umzügen zu unterstützen, wir waren alle Studenten mit wenig Geld und wenig Möbeln. Heute haben aber die meisten meiner Freunde viele Möbel und wenig Freizeit, und die möchten sie ebenso wie ich gern für angenehmere Dinge als Kistenschleppen verwenden. Was soll ich tun?*«

Hartmut S., Berlin

Auch bei mir gäbe es eine Menge zu tun: ein (verspäteter) großer Frühjahrsputz, die Bücher in der Bibliothek müssten neu geordnet werden; das Gleiche gilt für die Ablage im Büro. Die Wände brauchen einen neuen Anstrich, die Kolumne macht immer mehr Arbeit, und der Müll wäre auch noch runterzutragen. Zum Glück habe ich Freunde. Soll ich die jetzt einspannen?

Sie werden an dieser Stelle oft genug Hymnen auf die Freundschaft lesen, aber keinen Rat, diese überzustrapazieren oder auszunutzen. Natürlich soll man sich gegenseitig helfen. Wenn bei einem meiner Freunde ein Wasserrohr platzt, bin ich der Erste, der nicht nur in Gummistiefeln besorgt guckt wie weiland Kanzler Schröder am Elbedamm, sondern eigenhändig das Klavier ins Trockene schleppt. In den Stunden, die ich Liebeskummernden ein offenes Ohr lieh, hätte ich ein kleines Häuschen erwirtschaften können – und diejenigen, welche umgekehrt mir in meiner Seelennot lauschten, ebenso. Nur sind das Spezifika der Freundschaft, Hilfen, die man nicht, wie einen Umzug, nach einem kurzen Blick ins Branchenbuch genauso oder besser erhalten kann.

Natürlich haben wir uns alle gegenseitig die Möbel geschleppt, aber wir leben nicht im sentimentalen Schwarzweißrückblick der Bierwerbung. Freunde jenseits der 30 erscheinen nur deshalb billiger als ein Spediteur, weil die Bandscheibenoperationen und die Krankengymnastik der sonst am Schreibtisch Arbeitenden die Allgemeinheit zahlt. Müsste der Auftraggeber dafür aufkommen, er würde es sich dreimal überlegen.

Deshalb habe ich mit dem Verband der Umzugsunternehmer ein Abkommen geschlossen: Ich führe keine Umzüge durch, dafür schreiben Spediteure keine Kolumnen. Und allen meinen Freunden rate ich zu ebensolchen Verträgen.

»An meinem Geburtstag klingelt jedes Jahr pausenlos das Telefon. Früher wurden Briefe oder Karten zum Geburtstag verschickt, heute rufen alle an: Verwandte, Freunde und Bekannte, aus allen Lebensphasen, oft Menschen, mit denen ich fast ein Jahr nicht mehr gesprochen habe. Mit jedem verbindet mich eine Freundschaft, mit jedem müsste ich mindestens eine halbe Stunde über Alt und Neu reden. Deshalb nehme ich oft nicht ab. Ist es moralisch vertretbar, liebe Anrufer so zu ignorieren?«

Monika W., Leipzig

Was könnte Sie dazu verpflichten, ans Telefon zu gehen? Oder anders gefragt: Was passiert, wenn Sie den Hörer nicht abnehmen? Zum einen wird Sie eine Reihe von Glück- und Segenswünschen nicht erreichen, zum anderen entfällt die Möglichkeit zum Austausch mit lieben und geschätzten Menschen.

Mit den Glückwünschen ist es so eine Sache: Strenggenommen muss man sie wohl dem Aberglauben zuordnen, aber auch das scheint fraglich. Das Handwörterbuch des deutschen Aberglaubens etwa zählt sie nur bedingt dazu und begründet es damit, dass »ein ernster Glaube an die magische Wirkung des ausgesprochenen freundlichen Wunsches« meist nicht mehr vorhanden sei, »wenigstens heute«. Derart mit Informationen aus einschlägiger Quelle gewappnet, wage ich zu behaupten, dass Ihr Leben ohne die Glückwünsche nicht schlechter verlaufen wird und Ihnen von dieser Seite kein Ungemach droht.

Schwieriger wird es bei den unterbundenen, ja zurückgewiesenen Kontakten. Man könnte etwas spitz auf die restlichen 364 Tage verweisen, an denen mehr Zeit gewesen wäre, der Drang zueinander aber wohl nicht so groß. Andererseits vertrete ich die Auffassung, man sollte jede Gelegenheit nutzen, anderen zu zeigen, dass man an sie denkt, warum also nicht den Geburtstag? Zumal er sich dafür sogar anbietet.

Doch hier scheint mir die Lösung relativ einfach: Es ist nun einmal Ihr Geburtstag, und den dürfen Sie so verbringen, wie Sie mögen. Wenn es Ihnen Spaß macht, den ganzen Tag Erinnerungen aufzufrischen und sich fremde Lebensgeschichten anzuhören, tun Sie das. Wenn nicht, lassen Sie es. Es gibt so segensreiche Erfindungen wie Anrufbeantworter, Brief, E-Mail und SMS; die erlauben es jedem, jederzeit seine Glückwünsche abzugeben, und ermöglichen es dem Geburtstagskind, sich darüber zu freuen und dann zu reagieren, wenn es will. Gleich oder später. Echte Freunde sollten das verstehen.

* * *

Handwörterbuch des deutschen Aberglaubens (10 Bände), hrsg. von Hanns Bächtold-Stäubli unter Mitwirkung von Eduard Hoffmann-Krayer. Mit einem Vorwort von Christoph Daxelmüller, Verlag Walter de Gruyter, Berlin, New York 1987.
Unveränderter fotomechanischer Nachdruck der Originalausgabe (Handwörterbuch zur deutschen Volkskunde, hrsg. vom Verband deutscher Vereine zur deutschen Volkskunde, Abteilung I, Aberglaube), erschienen 1927 bis 1942 bei Walter de Gruyter & Co, vormals G. J. Göschen'sche Verlagshandlung – J. Guttentag, Verlagsbuchhandlung – Georg Reimer – Karl J. Trübner – Veit & Comp., Berlin und Leipzig.

»Ich war neulich bei einem Kollegen und seiner Frau eingeladen, schrecklichen Etepetete-Typen. Sie hatten Kellner, Koch und Klavierspieler engagiert, es gab ein Feinkostmenü. Weil ich schon ahnte, dass mich das alles nerven würde, brachte ich zwei Flaschen Wein mit, die ich zu je drei Euro beim Discounter gekauft hatte. Doch siehe da: Der Billigwein schmeckte allen wunderbar. So wunderbar, dass die Gastgeber und ihre Schickimicki-Freunde mich seither fragen, wo ich den Wein gekauft hätte, damit sie sich dort ebenfalls eindecken können. Ich bringe es nicht fertig, die Wahrheit zu sagen. Was soll ich tun?«

Kilian A., Hamburg

Ihre Geschichte könnte gut als Ausgangspunkt für eine Komödie dienen: Eine zunächst harmlose Lüge lässt sich plötzlich nur mehr schwer aufrechterhalten. Weil jedoch die Aufdeckung unangenehm wäre, reitet sich der Protagonist immer tiefer rein. Ich kann mir die Szenen ausmalen, wie Sie zunächst anbieten, den Wein persönlich beim angeblichen Geheimtipp-Weingut abzuholen, das zieht immer größere Kreise, bis Ihr Kollege eines Tages beiläufig erwähnt, nun zum ersten Mal zum Discounter fahren zu wollen. Ihre Aktionen, um das zu verhindern, böten reichlich Ansatzpunkte für Slapstick, von Ohnmachtsanfällen bis hin zu Karambolagen auf dem Firmenparkplatz.

Allerdings hat die Komödie hier eine pikante Note:

Ihre anfängliche Täuschung war nicht völlig harmlos, sondern basierte auf, nennen wir es offen, Bosheit. Sie wollten ein Spiel mit den Ihnen unsympathischen »Schickimicki-Typen« treiben, indem Sie ihnen billigen Wein vorsetzten und sich amüsierten, als sie ihn erwartungsgemäß nicht als solchen erkannten. Womit Sie nicht rechneten, waren die Folgen.

Was tun? Entscheidend scheint mir zu sein, ob eine Offenbarung hier nur Ihre eigenen unschönen Absichten aufdeckt oder auch Ihre Opfer bloßstellt. Letzteres sehe ich nicht, schließlich kann man beim Discounter manchmal vernünftigen Wein vergleichsweise günstig kaufen. Ob man das will, ist allerdings eine andere, auch moralische Frage. Der niedrige Preis spiegelt sich nämlich auch in der Behandlung der Angestellten und Lieferanten wider und damit indirekt im Umgang mit Natur und Gesellschaft. Wenn Sie dort kaufen, müssen Sie dazu stehen.

Deshalb spricht aus meiner Sicht wenig dagegen, die wahre Bezugsquelle offenzulegen, außer dass Sie sich als Schnäppchenjäger enttarnen und zugeben müssen, am Gastgeschenk geknausert zu haben. Aber das ist nun einmal der Fluch der bösen Tat.

»Gilt das Briefgeheimnis auch über den Tod hinaus? Meine Jugendfreundin ist unerwartet früh gestorben. Da wir immer weit auseinander gewohnt haben (München / Hamburg), hatten wir einen regen Briefwechsel. Wir waren sehr ehrlich zueinander. Jetzt frage ich mich, ob ich ihren Kindern, die alle über dreißig sind, anbieten kann, diese sehr schönen Briefe zu lesen?«

Marianne P., Gelsenkirchen

Um Ihre zugespitzte Formulierung zum »Briefgeheimnis« aufzugreifen: Ja, so wie Sie es beschreiben, gilt es auch über den Tod hinaus. Allerdings steht hier gar nicht das Briefgeheimnis im eigentlichen Sinn zur Diskussion. Dieses in der Verfassung als Grundrecht verbürgte Prinzip schützt die Nachricht strafbewehrt nur auf ihrem Weg vom Absender zum Empfänger. Nachdem sie dort angekommen ist, geht es um so etwas wie die Vertraulichkeit des Wortes oder der Information, die jemand einem anderen hat zukommen lassen; da es sich um einen Brief handelte, in einer Form, die sich fast exklusiv an eine einzige Person richtet – an Sie als Empfängerin.

Und obwohl es sich hier weniger um Rechtliches dreht, möchte ich auf ein Urteil zurückgreifen. Der Bundesgerichtshof hatte nämlich einmal zu entscheiden, inwieweit die Schweigepflicht des Arztes über den Tod des Patienten hinaus gilt. Die Richter stellten fest, dass diese Pflicht grundsätzlich bestehen bleibt und ein Auskunftsrecht nur in dem Maße automatisch auf die Erben übergeht, in dem Vermögensinteressen betroffen sind. Ansonsten müsse der Arzt auch gegenüber den Hinterbliebenen die Auskunft verweigern, »soweit er sich bei gewissenhafter Prüfung seiner gegenüber dem Verstorbenen fortwirkenden Verschwiegenheitspflicht an der Preisgabe gehindert sieht«. Den Arzt habe man nach dem Tode des Patienten »als insoweit mit Recht und Pflicht zur Verschwiegenheit betrauten Treuhänder« zu betrachten.

Nun sind weder Sie Ärztin, noch war Ihre Freundin Ihre Patientin, aber mir gefällt die Idee des »Treuhänders« auch für Ihren Fall. Die Verstorbene hat Ihnen vertraut und entsprechend etliches anvertraut. Nun müssen Sie eben treuhänderisch entscheiden, ob Ihre Freundin gewollt hätte, dass ihre Kinder die Briefe zu lesen bekommen. Vielleicht trifft das auf alle zu, vielleicht auch nur auf manche davon. Dies im Sinne der von Ihnen geschätzten Verfasserin zu entscheiden ist ein schöner letzter Dienst, den Sie ihr erweisen können.

* * *

Bundesgerichtshof, Entscheidung vom 31. 5. 1983 – VI ZR 259/81, Neue Juristische Wochenschrift 1983, S. 2627.

»In meinem Bekanntenkreis ist es Mode geworden, sich gegenseitig oder auch Wohnungen und Persönliches mit Digitalkameras oder Fotohandys ›spontan‹ zu fotografieren. Teils offen, teils heimlich. Manche dieser Bilder werden in öffentliche Internetforen, zum Beispiel in MySpace oder Facebook, gestellt und damit allgemein zugänglich gemacht. Ich will das nicht. Muss ich mir blöd vorkommen, wenn ich darum bitte, nicht fotografiert zu werden, oder andere auffordere, zu fragen, bevor sie abdrücken?«

Luisa C., Berlin

Nein! Sie müssen sich keineswegs blöd vorkommen. Die Fotografie gehört zu den großen Künsten, welche die wunderbarsten Werke hervorgebracht hat. Nur damit hat das ständige Knipsen nichts zu tun. Letzteres stellt eine Unsitte dar, und Sie haben jedes Recht der Welt, dagegen vorzugehen. Das ließe sich nun recht leicht begründen mit der Verletzung des allgemeinen Persönlichkeitsrechts oder des Rechts am eigenen Bild. Doch scheint mir das gar nicht notwendig: Der simple Wunsch, in Ruhe gelassen zu werden, reicht vollkommen aus.

Das Erinnerungsfoto leidet ohnehin unter einem Geburtsfehler: Es soll den »Augenblick festhalten«. Ein Unterfangen, das von vornherein zum Scheitern verurteilt sein muss. Nicht nur physikalisch scheint es mehr als fraglich, einen Zeitraum und damit die Zeit selbst fest-

und somit anhalten zu wollen. Auch inhaltlich stellt der Schnappschuss den untauglichen Versuch dar, Vergängliches unvergänglich zu machen. Mehr noch, da vieles im Leben seine Schönheit gerade aus der Vergänglichkeit bezieht, zielt das Erinnerungsfoto in Wirklichkeit auf die Vernichtung dieser Schönheit. Die Glut des Sonnenuntergangs fasziniert, weil sie nur kurz währt; strahlte das Firmament den ganzen Tag rot, man sähe nicht mal hin.

Dazu kommt aber noch eine explizit moralische Komponente: Das vermeintlich harmlose Knipsen ist nämlich gar nicht so harmlos, schließlich werden Menschen, die ja keine Statuen sind, in Momenten eingefroren, die sie ebenso wenig bestimmen können wie das, was von ihnen festgehalten wird. Deshalb bezeichnet der große Meister Thomas Bernhard derartige Fotografie, weil sie »nur den grotesken und den komischen Augenblick« zeige, auch als »eine absolute Verletzung der Menschenwürde, eine ungeheuerliche Naturverfälschung, eine gemeine Unmenschlichkeit«. Und gegen so etwas darf man sich nun wirklich ruhigen Gewissens wehren.

* * *

Thomas Bernhard: Die Auslöschung, Suhrkamp Verlag, Frankfurt am Main 1986, S. 26 f.

»Vor etwa sieben Jahren kaufte ich einer Bekannten ihre Kommode ab, das Meisterstück ihres Großvaters. Sie hatte sich damals gerade scheiden lassen, suchte Abstand und wollte verreisen – dafür brauchte sie das Geld. Neulich traf ich sie zufällig wieder, und sie fragte, ob sie die Kommode zurückkaufen dürfe, sie würde auch mehr bezahlen. Sie möchte das Familienerbstück ihrer Tochter auf den weiteren Lebensweg mitgeben. Müsste ich die Kommode zurückgeben, bei gleichem Verkaufspreis (circa 350 Euro), oder darf ich sie ohne Gewissensbisse behalten? Gewinn möchte ich auf keinen Fall machen.«   Martina T., Konstanz

Herumwandernden Kommoden begegnet man eher selten. Allenfalls kennt man sie aus Hildegard Knefs wunderbarem Lied »Ich brauch' Tapetenwechsel«. Zwar macht sich da eine Birke in der Dämmerung auf den Weg, doch »des Försters Beil traf sie im Morgenschimmer ... und als Kommode dachte sie noch immer, wie schön es doch im Birkenhaine war«. In der Tat sind Möbelstücke zwar häufig etwas unhandlich, aber doch grundsätzlich mobil. Anders läge es bei Immobilien, und so können Sie von Glück reden, dass Sie der Dame nicht nach der Scheidung das ererbte Haus abgekauft haben. Womöglich wollte die Wankelmütige jetzt ihre eigenen Enkelkinder im Garten der Ahnen herumtollen sehen und das Haus zurück. Und Sie müssten einen Umzug erwägen.

Das wäre doch ganz etwas anderes!, mögen Sie nun rufen. Ja, da gebe ich Ihnen vollkommen recht, nur warum? Der Unterschied führt zur Lösung: Falls Sie sich nicht ohnehin verändern wollten, würde es Sie sicherlich sehr beeinträchtigen, ein bezogenes Haus wieder zu verlassen. Dagegen erscheint der Verlust einer Kommode verschmerzbar und – ganz entscheidend – eher gering im Vergleich zum berechtigten emotionalen Anliegen der voreiligen Verkäuferin. Dies spricht meines Erachtens für die Rückgabe und gegen ein Beharren auf dem Kaufvertrag.

Aber mit welcher Rückerstattung? Schon um die Inflation auszugleichen, müssten es laut Statistischem Bundesamt 12,7 Prozent, also fast 45 Euro, mehr sein. In Bundesschatzbriefen hätte das Geld etwa 95 Euro erbracht. War Ihr Konto dafür überzogen, haben Sie in den sieben Jahren allein 450 Euro Zinsen an die Bank gezahlt. Andererseits haben Sie die schöne Kommode genutzt und abgenutzt – schwer bezifferbar. Erneut den Originalpreis heranzuziehen erscheint mir deshalb auf jeden Fall eines: gut praktikabel.

* * *

»Ich brauch' Tapetenwechsel« von Hans Hammerschmid / Hildegard Knef © Funkturm Verlag, Erstveröffentlichung: LP Knef, 2 / 1970; Diskographie unter www.hildegardknef.de

Angaben des Statistischen Bundesamtes unter www.destatis.de.
Angaben zu Bundesschatzbriefen unter www.bundeswertpapiere.de.

»Neulich kam ich mit einem Freund auf meinen bevorstehenden 30. Geburtstag zu sprechen. Ich fragte ihn um seine Meinung, wie ich feiern solle. Er sagte, ich sei egozentrisch, wenn ich Freunde herbeihole, um mich feiern zu lassen – nach dem Motto: Kommt her und feiert mich! Kann ich meine Freunde bedenkenlos zu meinem Geburtstag einladen? Schließlich gehe ich selber auch gern auf ihre Feste.«   *Jochen G., Fulda*

Die Menschheit scheint in zwei Lager zu zerfallen: diejenigen, die sich gern feiern lassen, und diejenigen, denen das nicht geheuer ist. Offenbar gehören Sie der einen Gruppe an, Ihr Freund der anderen. Was das über Ihrer beider Psyche aussagt, sei dahingestellt.

Generell ist der Brauch, sich am Geburtstag zu feiern, jüngerer Natur. Der Kirchenlehrer Origenes wies darauf hin, dass in der ganzen Bibel nur die Gottesfeinde Herodes und der Pharao ihren Geburtstag begehen. In Süddeutschland und Österreich feierte man früher – und teils auch noch heute – eher den Namenstag als Tag des eigenen Schutzheiligen. Das käme vielleicht der Intention Ihres Freundes entgegen, man solle sich selbst nicht so in den Mittelpunkt stellen. Sie, der Sie sich offenbar gern feiern lassen, sollten beachten, dass es mancherorts üblich war, das Geburtstagskind zu drosseln oder zu würgen – glücklicherweise wohl nur im Scherz. Aus Mittelschlesien berichtet man den Brauch, das Geburtstagskind tüchtig zu verprügeln, »damit das Fleisch im Grabe besser faule«. In dieser Gegend würde ich im Eigeninteresse den Kreis der Eingeladenen eher klein halten. Für hier von Interesse halte ich dagegen den gelegentlich beobachteten Brauch, dass der Beglückwünschte Gegengeschenke verteilt. So kann man eine Geburtstagseinladung nämlich auch auffassen: als Geschenk des Gefeierten an die Freunde.

Wie soll man das nun bewerten? Einerseits die kaum zu leugnende Ichzentrierung des Sich-feiern-Lassens, andererseits die fast schon altruistischen Mühen, eine Feier auszurichten. Wenn man Moral nicht an Überwinden und Kasteiung knüpft, sehe ich nicht, warum das einen Widerspruch darstellen sollte. Solange Sie von den Eingeladenen nicht verlangen, Sie zur Feier des Tages auf einem Thron durch den Saal zu tragen, oder ähnliche Auswüchse von Eitelkeit zeigen, spricht aus meiner Sicht wenig gegen ein Fest.

* * *

Geburtstag. In: Handwörterbuch des deutschen Aberglaubens (10 Bände), hrsg. von Hanns Bächtold-Stäubli unter Mitwirkung von Eduard Hoffmann-Krayer. Mit einem Vorwort von Christoph Daxelmüller, Verlag Walter de Gruyter, Berlin, New York 1987.
Unveränderter fotomechanischer Nachdruck der Originalausgabe (Handwörterbuch zur deutschen Volkskunde, hrsg. vom Verband deutscher Vereine zur deutschen Volkskunde, Abteilung I, Aberglaube), erschienen 1927 bis 1942 bei Walter de Gruyter & Co, vormals G. J. Göschen'sche Verlagshandlung – J. Guttentag, Verlagsbuchhandlung – Georg Reimer – Karl J. Trüber – Veit & Comp., Berlin und Leipzig.

»Wir waren mit einigen Leuten, darunter einem türkischen Freund, an einem Badesee zum Schwimmen. Um mir die Verrenkungen mit Handtuch als Sichtschutz zu ersparen, habe ich mich etwas abseits der Gruppe ungeniert umgezogen, (Hose aus – Badeanzug an – T-Shirt aus – Träger hochziehen). Ich fand nichts dabei, zumal dort viele Frauen ›oben ohne‹ am See liegen. Aber am Abend sagte mir eine Frau aus der Gruppe, sie hätte sich in Anwesenheit des türkischen Mannes nicht auf diese Weise umgezogen, und er habe angesichts meines nackten Hinterns etwas irritiert geschaut. Hätte ich mehr Rücksicht nehmen sollen?«*

Corinna D., München

Ihre Überlegungen erinnern an zwei heißdiskutierte Themen: an den Kopftuchstreit – ob muslimische Schülerinnen oder Lehrerinnen in staatlichen Schulen Kopftücher tragen dürfen – und die Querelen um die Mohammed-Karikaturen. Auch dabei ging es um die Frage, wie viel Rücksicht man in einem liberalen Land auf andere Wertvorstellungen in ethnischen und religiösen Gruppen nehmen muss – im Widerstreit mit persönlicher und gesellschaftlicher Freiheit.

Allerdings würde ich bei diesen beiden Themen zögern, so bestimmt wie hier zu sagen: Nein, Sie hätten nicht mehr Rücksicht nehmen müssen! Ich sehe nämlich einen großen Unterschied; etwas, was ich mit »Wertbezogenheit« der Handlung bezeichnen möchte.

Wer einer Frau das religiös gebotene Tragen ihres Kopftuchs verbietet, greift dabei in deren Religiosität ein, Entsprechendes unternimmt, wer den Propheten Mohammed in dessen Eigenschaft als Religionsstifter karikiert. Was keinesfalls ausschließt, dass dies durch andere Werte wie Meinungsfreiheit und die religiöse Neutralität des Staates erlaubt oder gar geboten sein kann. Nur liegen in diesen Fällen wegen der Religionsfreiheit die Anforderungen an eine Rechtfertigung höher.

Bei Ihnen hingegen stehen Sie und Ihre Lebenseinstellungen im Mittelpunkt. Alle anderen sind Zuseher. Mancher mag sich dabei in seinen Werten beeinträchtigt fühlen, aber dazu muss derjenige Ihnen seine Maßstäbe überstülpen. Er mag Sie in der Hölle der Lästerlichkeit enden sehen, doch das ist Ihre Sache, vielleicht haben Sie's gern warm; für sein eigenes Seelenheil reicht es aus, den Kopf wegzudrehen. Darüber hinaus stellen die persönliche und sexuelle Freiheit, besonders die der Frau, echte Errungenschaften unserer Gesellschaft dar, auf die Sie sich berufen und die Sie ruhig verteidigen dürfen.

»Einer meiner Bekannten ist bekennender Hypochonder.
Dass es sich dabei um eine wirklich ernstzunehmende
Krankheit handelt, erfuhr ich erst durch ihn. Neulich lud
er mich zu einem Abendessen ein. Kurz vor dem Essen
spürte ich die Symptome einer leichten Grippe, die Nase
lief, der Hals tat weh. Ich ging trotzdem zu diesem Abend-
essen. Hätte ich aufgrund seiner Hypochondrie absagen
sollen, trage ich ihm gegenüber mit meinen Viren eine
höhere Verantwortung?«   Bernhard F., Wuppertal

Was wollten Sie als Gastgeschenk mitbringen – außer
Ihren Viren? Ein medizinisches Lexikon? Einen Bildband
mit den schönsten Krankheitssymptomen? Wann wollten Sie von Ihrer Erkrankung berichten, nach einem herz-
lichen Begrüßungsküsschen? Sie merken, ich bin nicht
wirklich angetan.

Tatsächlich führt der ICD-10, die internationale Klassi-
fikation der Krankheiten, die Hypochondrische Störung,
was so etwas wie eine offizielle Anerkennung bedeutet.
Aber das scheint mir ziemlich irrelevant. Der Gastgeber
ist so, wie er ist, egal ob sein Leiden die Fachwelt überzeugt. Sie sind doch keine Behörde, der das Kranksein
mit Brief und Siegel nachgewiesen werden muss. Warum
treffen Sie sich zum Abendessen? Vermutlich weil Sie
zusammen Spaß haben wollen. Wenn dem Gastgeber
wegen Ihres Zustandes der Spaß vergeht, wird die Verab-
redung sinnlos. In so einem Fall kann man einfach an-

rufen. Selbst der übelste Hypochonder lässt sich dabei meist mit dem Hinweis beruhigen, man spreche von einem drahtlosen Telefon aus, also sei auch kein Kriechen der Mikroben durch das Kabel zu befürchten. Wenn ihm dann nicht schon bei der Schilderung Ihrer Krankheitssymptome der Hals zuschwillt, kann er entscheiden, ob er Sie dennoch sehen will oder nicht.

Und genauso verhält es sich gegenüber den anderen Gästen. Biowaffencontainer und gesellige Abende vertragen sich nur mäßig. Umso mehr, wenn der Container in regelmäßigen Abständen explodiert und seinen Inhalt in die Umgebung versprüht. Natürlich muss man im Winter mit erkälteten Mitmenschen rechnen und kann umgekehrt mit Schnupfen nicht jeden öffentlichen Termin vermeiden. Mit freiwilligen Treffen sollten die potentiellen Opfer jedoch einverstanden sein. Und nebenbei bemerkt gilt auch dann zumindest die Grundregel der Rücksicht und Hygiene: Als Kranker Händeschütteln vermeiden!

* * *

Der ICD-10 ist online abrufbar auf der Website der Weltgesundheitsorganisation WHO unter http://www.who.int/classifications/icd/en/

Eine deutsche Version findet sich auf den Seiten des Deutschen Instituts für Medizinische Dokumentation und Information DIMDI unter http://www.dimdi.de/static/de/klassi/diagnosen/icd10/ls-icdhtml.htm

12. KULTUR UND MEDIEN

»Als über den Amoklauf von Winnenden berichtet wurde, habe ich stundenlang fasziniert ferngesehen, obwohl ich gleichzeitig angewidert war. Einerseits finde ich das Vorgehen der Fernsehsender erschreckend, die sofort irgendwelche geschockten Nachbarn oder Mitschüler vor die Kameras zerren, andererseits interessiert es mich, und ich komme nicht davon los. Kann ich mir das alles guten Gewissens ansehen – schließlich wird es ja öffentlich ausgestrahlt, und die Sender sind für ihr Programm verantwortlich – oder sollte ich lieber ausschalten?«

Anton V., Mannheim

Bei den Medien stehen sich zwei Interessen gegenüber: das Informationsinteresse der Allgemeinheit und das der dargestellten Menschen an ihrer Privatsphäre. Das Recht auf Information und spiegelbildlich auf freie Berichterstattung stellen ein hohes Gut innerhalb einer Gesellschaft dar, sind unabdingbare Voraussetzungen für eine funktionierende Demokratie.

Sie müssen jedoch ihre Schranken finden im Recht auf Privatsphäre, mehr noch bei der Verletzung der Würde des Einzelnen. So kann die Darstellung von Opfern oder unmittelbaren Zeugen wichtige zusätzliche Informationen beinhalten und damit bis zu einem gewissen Grad gerechtfertigt sein – oder aber unvertretbar, wenn schlicht Sensationsgier bedient wird mit dem Ziel der Quotensteigerung; hier dient der Unglückliche als bloßes Mittel.

Und das scheint mir leider speziell bei der Berichterstattung über den Amoklauf – quer durch alle Medien – zu überwiegen. Dass die Mitschüler der Getöteten schockiert sind, glaubt man, auch ohne sie um 20 Uhr weinend vorgeführt zu bekommen. Sie zu zeigen erachte ich auch schon deshalb für unzulässig, weil sie meiner Ansicht nach nicht wirksam zugestimmt haben; in einer derartigen psychischen Ausnahmesituation halte ich einen Menschen schlicht für nicht einwilligungsfähig.

Wer hat das nun zu verantworten? Sender oder Zuseher? Beide! In der Medienethik unterscheidet man zwischen journalistischer Ethik und Publikumsethik. Berichtende wie Zuseher tragen je für ihren Part die Verantwortung. Die Mediennutzer sogar in doppelter Hinsicht: als möglicherweise voyeuristische Beobachter dieses konkreten Programms mit den individuellen vorgeführten Menschen, und als Konsumenten, die durch Nachfrage das Angebot beeinflussen. Fehlende Quoten bewirken tausendmal mehr als alle Moralappelle. Deshalb wünsche ich mir bei vielen Sensationsberichten vom Publikum, egal ob Leser, Seher oder Surfer, einfach mehr Schiller: »Hier wendet sich der Gast mit Grausen«!

* * *

Rüdiger Funiok: Medienethik, Verlag W. Kohlhammer, 2. Auflage Stuttgart 2011.

Horst Pöttker: Kompensation von Komplexität. Journalismustheorie als Begründung journalistischer Qualitätsmaßstäbe. In: M. Löffelholz (Hrsg.): Theorien des Journalismus. Ein diskursives Handbuch, Westdeutscher Verlag, Wiesbaden 2000, S. 375 – 390.

Textsammlung »Medien und Ethik«, hrsg. von Matthias Karmasin, Reclam Verlag, Stuttgart 2002.

»Wir haben ein Opernabo und im Lauf der Zeit festgestellt, dass zwei Plätze in einer teureren Kategorie immer
leer bleiben. Dürfen wir uns dahin setzen? Sicher fragen
sich das viele regelmäßige Opernbesucher, doch bisher hat
es keiner gewagt. Wenn wir es tun, wird jeder wissen, dass
wir schummeln. Gibt es dennoch moralische Gründe, die
dafür sprechen?«   Gertraude und Jürgen W., München*

Die gibt es sehr wohl. Man muss sogar eine ganze Weile
nachdenken, um auf moralische Gründe zu kommen,
die gegen Ihr Vorhaben sprechen. Wahrscheinlich glauben Sie, sich einen unberechtigten Vorteil zu verschaf-
fen, doch schon darüber lässt sich streiten. In einer Par-
sifal-Inszenierung habe ich zum Beispiel einmal weit
vorn gesessen, mich dann aber, als die eine oder andere
Stunde verstrichen war, sehr nach einem leicht im Halb-
dunkel liegenden Rangplatz gesehnt. Doch wird das die
Ausnahme sein, und meistens ist der Genuss auf den
teuren Plätzen wirklich größer.
   Vielleicht versucht Ihr Opernhaus seit Jahr und Tag
vergeblich, die teuren Plätze im Abonnement loszuwerden. In diesem Fall brächten Sie die Oper um ihr Geld,
wenn Sie die niedrige Kategorie abonnierten und sich in
die höhere setzten. Doch in manchen Häusern ist gar
nicht so einfach, an ein Opernabo zu kommen, und
wenn stets die gleichen zwei Plätze frei bleiben, sind sie
sicher schon lange vergeben, also bezahlt.

Damit kehrt sich die Sache um. Sie schaden dem Haus nicht, wenn Sie sich nach vorn setzen, ja es ist sogar schwer vertretbar, die Plätze leer zu lassen. Ich könnte nun – aus Überzeugung – argumentieren, dass Kunst genauso wichtig ist wie Brot und dass man Lebensmittel nicht wegwirft. Dass Opernplätze hochverderblich sind und man sie deshalb »vor Ablauf« nutzen muss. Oder dass es für die Künstler angenehmer ist, wenn die vorderen Reihen gefüllt sind. Es gibt jedoch noch ein weiteres Argument für meine Ansicht. Nach amtlichen Statistiken lag etwa im Jahr 2000 der durchschnittliche Kartenpreis in den größeren deutschen Opernhäusern bei rund 57 Mark. Gleichzeitig wurde aber jeder Platz – vom Stehplatz bis zur Loge – jeden Abend mit 268 Mark bezuschusst. Dieses Geld soll natürlich nicht leeren Polstern, sondern einem Musikliebhaber zugutekommen. Setzen Sie sich also ruhig nach vorn. Sie verhindern dadurch moralisch die Verschwendung von Steuergeldern.

»Im Internet gibt es ja viele Arten, Freundschaften zu pflegen, bei StudiVZ, bei den Lokalisten oder bei Facebook. Nun starb eine Bekannte, mit der ich zur Schule ging. Soll ich unsere ›Freundschaft‹ auf diesen Internetseiten bestehen lassen, als Gedenken, oder darf ich sie beenden, auch um nicht dauernd an ihren Tod erinnert zu werden? Oder wäre das schlimm oder sogar beleidigend, sollten ihre Eltern Zugriff auf das Konto haben?«

Hannelore K., Magdeburg

Die *damnatio memoriae,* die »Verdammung des Gedächtnisses«, war eine der schlimmsten Strafen in der römischen Antike: Wurde ein Mächtiger nach seinem Tod zum Staatsfeind erklärt, zerstörte man seine Statuen, entfernte seinen Namen aus Inschriften, unternahm alles, um die Erinnerung an ihn zu tilgen. Man tötete ihn gleichsam ein zweites Mal, diesmal aber vollständig, fast rückwirkend, als hätte er nie gelebt. So gesehen stellt die Erinnerung den Lebensraum der Verstorbenen dar.

Dem kommt das Internet entgegen, von dem ja oft gesagt wird, dass es nie vergisst. Deshalb gibt es auch immer mehr Webseiten, auf denen Verstorbener gedacht wird. Möglich ist das natürlich auch bei Homepages und, wie hier, bei Profilen in sozialen Netzwerken. Dabei tritt aber zunehmend das spiegelbildliche Problem auf: Für Erben oder Angehörige kann es schwierig sein, auf Daten zuzugreifen und sie gegebenenfalls zu löschen; weshalb inzwischen empfohlen wird, eine Art »digitales Testament« mit Passwörtern und Anweisungen zu hinterlegen.

Insgesamt befindet man sich im Spannungsfeld zwischen Erinnern und Vergessen, und das führt uns zurück in die Antike: Im alten Griechenland kannte man die Göttinnen Mnemosyne und Lethe sowie zwei nach ihnen benannte Flüsse. Während Mnemosyne, Mutter der Musen, die Göttin der Erinnerung war, diente Lethe dem Vergessen – für dessen Bedeutung die Mythologie ein schönes Bild bereithielt: Erst ein Schluck aus dem Fluss Lethe gab den Seelen die Möglichkeit, ihre alte Existenz zu vergessen und dadurch frei zu werden für die Wiedergeburt in einem neuen Leib.

Das möchte ich – zugegebenermaßen kühn – übertragen: Es ist schön, wenn Sie Ihrer Bekannten gedenken, aber Sie können nicht gezwungen werden, das auf Dauer laufend zu tun. Nur durch die Möglichkeit, zumindest teilweise zu vergessen, kann man frei werden für Neues.

* * *

Harald Weinrich: Lethe – Kunst und Kritik des Vergessens, Verlag C. H. Beck, München 2005.

Gary Smith / Hinderk M. Emrich (Hrsg.): Vom Nutzen des Vergessens, Akademie Verlag, Berlin 1996.

»Als die Olympischen Spiele in Peking stattfanden und ich die Übertragungen der Wettkämpfe sehen wollte, hatte ich ein ungutes Gefühl. Kann ich sie mir guten Gewissens im Fernsehen ansehen, wo ich doch weiß, dass beim Bau der Sportstätten unzählige Arbeiter unter für Menschen unwürdigen Bedingungen arbeiten mussten und den Tod fanden? Bekomme ich nicht schon beim Benützen der Fernbedienung ›blutige Finger‹?« Helga H., Nürnberg

Geht es hier um Olympiaboykott? In gewissem Sinne ja, denn das Phänomen Olympische Spiele hat zwei Seiten: das Treffen der »Jugend der Welt«, genauer der Spitzensportler, und das mediale Großereignis. Der klassische Olympiaboykott betrifft die Athleten. Die entschieden sich bei den Spielen in Peking für eine Teilnahme, auch mit der Begründung, dass der Sport sich von der Politik nicht vereinnahmen lassen dürfe. Ein lauterer Ansatz, der aber nur trägt, solange das noch nicht eingetreten ist – worüber man streiten könnte –, und der spätestens seit den Erfahrungen von 1936 bestenfalls naiv wirkt.

Denn daneben steht das mediale Großereignis, das wirtschaftlich wie politisch, je nach Sichtweise, genutzt oder missbraucht wird. So richten sich die Austragungszeiten einiger wichtiger Wettkämpfe nicht nach den besten Bedingungen vor Ort, sondern nach den teuersten TV-Werbezeiten in den USA. Und Chinas Regierung setzt die weltweite Aufmerksamkeit für ihre politischen

Ziele ein; man denke nur an den Fackellauf durch Tibet oder die mit ungeheurem Aufwand betriebene Selbstdarstellung »vor den Augen der Welt«.

Dazu gehört neben der mitunter brachialen Unterdrückung jeglicher Regimekritik auch die Inszenierung in architektonisch bemerkenswerten, aber eben teilweise mit Menschenleben teuer erkauften Sportstätten.

Das IOC hat sich in vollem Bewusstsein dieser Umstände für die Vergabe nach Peking entschieden. Damit hat es die Spiele auch diesen Zwecken zur medialen Verfügung gestellt. Und zu denen trägt jeder einzelne Zuseher seinen Teil bei, denn die mediale Verwertung funktioniert nur durch die Summe der Nutzer – die so zudem Einfluss auf künftige Entscheidungen haben. Insofern macht man als Zuseher mit und holt sich tatsächlich blutige Finger an der Fernbedienung.

»Ich gehe sehr gern auf Rock- und Jazzkonzerte, am liebsten vorn mittenrein in die Arena. Da ich mit 1,92 relativ groß bin, verstehe ich es, wenn sich Leute, die direkt hinter mir stehen, beschweren, sie würden nichts sehen. Ich müsste mich also, um niemandem die Sicht zu nehmen, nach hinten stellen. Andererseits erwerbe ich mit der Arenakarte doch das gleiche Recht wie alle anderen. Muss ich also ein schlechtes Gewissen haben, wenn ich durch meine ›freie Platzwahl‹ anderen Menschen bewusst – wenngleich nicht mutwillig – im Weg stehe?«

Frederik J., Hamburg

Das müsste sich doch ganz einfach mit der goldenen Regel lösen lassen, möchte man meinen: Was du nicht willst, dass man dir tu, das füg auch keinem andern zu. Keiner will statt Musikern nur Rücken sehen. Also ab nach hinten mit Ihnen!

Allerdings melden sich dann doch Zweifel: Natürlich wird jeder Kleinere wünschen, dass Größere nach hinten gehen. Nur: Ist diese Forderung auch berechtigt? Oder vertritt sie einseitig die Interessen der Kleineren auf Kosten der Größeren? Hat Ihr Wunsch, wie jeder andere vorn mittendrin das Geschehen zu genießen, nicht auch Gewicht? Wenn ja, welches? Und müsste sich nicht genauso Otto Normalgroßer umgekehrt in Ihre Rolle versetzen und Ihnen zuliebe klaglos Sichteinschränkungen hinnehmen?

Um derartige Probleme zu lösen, schlug der Oxforder Moralphilosoph Richard M. Hare einen Kunstgriff vor: Er führte eine dritte Person ein; und zwar so, dass derjenige, um dessen Handeln es geht, sich in der Mitte befindet. In Ihrem Fall würde das bedeuten, dass sich vor Sie ein echter Riese stellt, der Sie um dasselbe Maß überragt wie Sie Ihre Hinterleute. Auf Durchschnittsgrößen in Deutschland bezogen müsste er in Ihrem Fall etwa 2,13 m groß sein.

Falls der Riese Ihretwegen das Feld räumen soll, müssen Sie das genauso wegen der Besucher hinter Ihnen – moralische Regeln gelten universal für alle gleich. In dieser Konstellation sind Sie vom Grundsatz »Große nach hinten oder an die Seite« gleichermaßen begünstigt und belastet, können somit vergleichsweise objektiv entscheiden.

Nun vor die Wahl gestellt, mit den Schultern des Riesen vor der Nase nichts zu sehen oder zusammen mit ihm weiter hinten nicht ganz so optimal zu stehen, werden Sie vermutlich Zweiteres bevorzugen: Unterm Strich ist die Einschränkung geringer. Nach dieser Erkenntnis können Sie den Dritten wieder nach Hause schicken. Denn die gefundene Interessenabwägung kann nicht anders ausfallen, wenn sich Vor- und Nachteile wieder auf zwei Personen verteilen.

* * *

Richard M. Hare: Freiheit und Vernunft, Suhrkamp Verlag, Frankfurt am Main 1983, S. 109 ff.

»In unserer Stadt gibt es ein paar Galerien und dementsprechend regelmäßig Ausstellungseröffnungen, die ich
gern besuche. Allerdings kommen Ankäufe für mich letztlich nicht in Frage angesichts meines hohen Alters und der
vollen Wände zu Hause. Darf ich mir trotzdem bei den
Vernissagen ein Glas Prosecco einschenken lassen und ein
Häppchen nehmen, oder muss ich enthaltsam sein?«

Walter W., Oldenburg

Enthaltsam bei Alkohol zu sein ist schon aus gesund-
heitlichen Gründen sinnvoll. Moralische Aspekte
kommen allerdings erst bei größeren Alkoholmengen
zum Tragen, wenn sich negative Folgen für die Persönlichkeit einstellen. Ich gehe jedoch davon aus,
dass Sie es bei den Ausstellungen nicht so weit kommen lassen und keinesfalls im Rausch die Kunstwer-
ke beschädigen. Davon unabhängig ist allerdings die
Frage des – hart ausgedrückt – Schmarotzens. Diesem
Vorwurf gilt offensichtlich Ihre Sorge. Das ehrt Sie
und hebt Sie wahrscheinlich vom Gros der Besucher
ab.

Meine Nachfrage bei einer Galeristin ergab, dass viele
ihrer Kollegen über das »Prosecco-Volk« jammern, all
die Leute, die auf jede Eröffnung kommen und sich an
den Erfrischungen laben, ohne je ein Bild zu kaufen.
Andererseits betonte sie aber auch, dass Vernissagen nun
einmal dazu dienten, den Künstler und seine Werke be-

kannter zu machen; im Prinzip trage jeder Anwesende einen Teil dazu bei.

In der Tat fänden sämtliche echten Kunstkäufer wahrscheinlich leicht im Wohnzimmer des Galeristen Platz. Damit aber wäre niemandem gedient, auch dem Gastgeber nicht, der zwar ein paar Flaschen spart, jedoch die Chance verspielt, die Werke einem breiteren Kreis zu präsentieren. Ein Galerist, dem es auf seinen Empfängen ausschließlich um Umsatz geht, hätte wohl seinen Beruf verfehlt; schließlich handelt er mit Kunst und nicht mit Rheumadecken.

Umgekehrt wäre es falsch, die Gastfreundschaft auszunutzen und ausschließlich der Schnittchen wegen zu einer Vernissage zu gehen. (Ob das in Anbetracht des meist Gebotenen überhaupt sinnvoll ist, bleibe dahingestellt.) Wer sich wie Sie jedoch tatsächlich für Kunst interessiert, wird in Galerien stets willkommen sein.

»Seit dem Tod Saddam Husseins kursiert das Video seiner Hinrichtung im Internet. Auch ich habe den Link zugeschickt bekommen, die Mail aber sofort gelöscht. Selbst falls es nur aus Neugier geschähe: Wenn man sich dieses Video ansieht, billigt man damit nicht die filmische Dokumentation der Tötung eines – nachweislich entsetzlichen – Menschen? Und damit die Hinrichtung selbst? Darf man sich diese Aufnahme ansehen, wenn man die Todesstrafe ablehnt?«   *Daniela P., München*

Ihre Frage beinhaltet mehrere Ebenen. Zunächst das Verhältnis zur Todesstrafe. Natürlich würde es eine Doppelmoral darstellen, wenn man Hinrichtungen ablehnt und gleichzeitig voyeuristische Freude an ihrer Darstellung hätte. Die haben Sie aber nicht, Sie täten es lediglich aus Neugier. Deshalb die nächste Frage: Ist das verwerflich? Per se erachte ich Neugier nicht als negativ. Es handelt sich um eine spontane Reaktion, die auch einen biologischen Sinn verfolgt, zum Beispiel auf mögliche Gefahren aufmerksam zu machen. Der Verweis auf die Biologie kann aber nicht alles rechtfertigen. Selbstverständlich muss die Neugier ihre Schranken finden: etwa in der Privatsphäre oder der Würde anderer.

Damit kommt man zur dritten Ebene: Werden diese Schranken bei der Veröffentlichung einer Hinrichtung überschritten? Ja, auch wenn Vollstreckungen hierzulande bis weit in die Neuzeit hinein sogar zum Zwecke der Volksbelustigung öffentlich erfolgten. Selbst wenn man die Todesstrafe bejahte, ausgeschlossen muss sein, dass der Delinquent – und sei er noch so schuldbeladen – erniedrigt wird. Das ist meines Erachtens jedoch der Fall, wenn er durch das Video seiner Hinrichtung hilfloser Gegenstand der Neugier wird, umso mehr, wenn Verhöhnungen dargestellt werden.

Damit kommt man zum letzten Punkt der Betrachtung: Kann man die Würde eines Menschen verletzen, indem man sich zu Hause ein Video ansieht, ohne dass es irgendjemand bemerkt? Ich behaupte: ja. Allerdings kommt es hier entscheidend auf die Intention des Betrachters an. Weniger Bedenken hätte ich bei jemandem, der sich – gar gerade als Gegner der Todesstrafe – wirklich rein sachlich (!) über die Umstände der Vollstreckung informieren will. Befriedigt er damit jedoch auch seine Sensationslust, setzt er in seinen vier Wänden die öffentliche Zurschaustellung fort.

13. UMGANG UND MITEINANDER

»Ich sitze im Café. Zwei Damen setzen sich zu mir an den Tisch. Kaum ist der Kaffee serviert, fängt die eine an zu telefonieren. Ich weiß jetzt alles über ihren Schatzi und seine Krankheiten. Als sie nach Beendigung des etwa fünfzehnminütigen Gesprächs erneut wählt, spreche ich sie an und sage ihr, dass es mich stört, wenn sie am Tisch telefoniert. Die Entrüstung ist groß. War mein Verhalten unsozial?«
Hanna S., Bochum

Mobiltelefonate in der Öffentlichkeit sind ein Klassiker – auch bei den Zuschriften hier. Im Restaurant, im Café, im Zug oder auf der Parkbank, überall stellt sich die gleiche Frage: Wer stört, wer ist im Recht? Der Telefonierer oder derjenige, der sich über ihn aufregt? Als Mobiltelefone neu waren, lag darin noch eine Art Kulturkampf. Es galt, das Abendland gegen seinen Untergang zu verteidigen, der diesmal in Form von ungewohnt kommunizierenden Menschen drohte. Seitdem es in Deutschland mehr Mobilfunkanschlüsse als Einwohner gibt, dürfte das weitgehend überwunden sein, das Problem mit den störenden Telefonaten aber offenbar nicht.

Dabei scheint es auf den ersten Blick ziemlich einfach: Da auch ein Ferngespräch ein Gespräch ist, sollte man es an den jeweiligen Orten jeweils in der Art führen können, in der man dort auch andere Gespräche führt, also in der Bibliothek und im Ruheraum der Sauna gar nicht, im Zug oder in einem Café in gedämpfter Form und am Oktoberfest so laut, wie man will. Es geht schlicht darum, andere nicht mehr zu stören als notwendig. Wer sich in einem ruhigen Restaurant anbrüllt oder im Zug laut telefoniert – und umgekehrt –, der stört. Ich weiß nicht, was mich auf meinen Bahnfahrten mehr Nerven, Schlaf und Arbeitskraft gekostet hat: laute Telefonierer oder Menschengruppen, die nicht nur sich, sondern ganze Großraumwagen unterhalten.

Mit einer Einschränkung: Psychologische Untersuchungen haben ergeben, dass man sich von Gesprächen, bei denen man nur die eine Hälfte hört, eher belästigt fühlt als von gleich lauten anderen Unterhaltungen – man hört offenbar automatisch intensiver zu. Das bedeutet in der Praxis, dass man bei Telefonaten zurückhaltender sein muss als bei direkten Gesprächen: leiser sprechen oder rausgehen. Aber nicht weil man ein Telefon benutzt, sondern weil dieses Sprechen stärker stört.

* * *

Andrew Monk, Jenni Carroll, Sarah Parker und Mark Blythe: Why are mobile phones annoying?, Behaviour & Information Technology, Vol 23 (2004), S. 33 – 41.

Andrew Monk, Evi Fellas und Eleanor Ley: Hearing only one side of normal and mobile phone conversations, Behaviour & Information Technology, Vol 23 (2004), S. 301 – 305.

»Ich schaue oft am Samstagnachmittag mit Freunden die Fußball-Bundesliga. Einige von ihnen sind Fans des FC Bayern, der ja auch seine Höhen und Tiefen erlebt. Meine Frage: Ist es unmoralisch, wenn ich mich freue, dass Bayern München eine Klatsche bekommt? Ist Schadenfreude unter Fußballfans akzeptabel?« Olaf Ü., Nürnberg

Da Sie diese Zeilen lesen und das Buch in Händen halten, hat offenbar kein dem FC Bayern nahestehender Drucker oder Buchhändler aus Gewissensgründen die Arbeit verweigert. Was ich nicht weiß, ist, ob die Kolumne in letzter Minute von einem Redakteur und Fan des Vereins umgeschrieben wurde oder ob sich aufgebrachte Bayern-Anhänger inzwischen aufmachen, um vor meinem Haus zu demonstrieren, gar zu randalieren. Verzeihen Sie mir bitte meine apokalyptischen Visionen. Worauf ich hinauswill: Wenn es um Fußball geht, muss man mit vielem rechnen. Die Begeisterung für einen bestimmten Club sitzt manchmal ähnlich tief wie die für die eigene Religion, übertrifft oft die für die Nation, und selbst die größte Liebe zu einem anderen Menschen scheint, gemessen daran – man denke nur an die Scheidungsquoten –, vergänglich wie Schaum auf dem Meer.

Deshalb weiß ich nicht, was die Fans dieser Mannschaft dagegen unternehmen, wenn ich Schadenfreude über eine Niederlage von Bayern München nicht als Todsünde brandmarke, sondern Ihnen zugestehe, sie relativ ruhigen Gewissens zu empfinden. Keinesfalls weil ich etwas gegen diesen Münchner Verein hätte oder, wie so mancher auch in der Redaktion, irgendeiner anderen Sportgruppe anhinge. Sondern weil meiner Beobachtung nach dieses dem Grunde nach unschöne Gefühl mit zum Spiel zu gehören scheint. Nicht zur Ertüchtigung der Akteure auf dem Rasen, aber zu dem ganzen Drumherum mit Meisterschaft, Liga, Tabelle, Farben, Maskottchen usw.

Im normalen Leben würde ich Freude über den Schaden anderer wirklich verurteilen, und auch hier begrüße ich sie nicht. Aber wer im Einvernehmen mit allen Beteiligten Begeisterung empfindet für eine Gruppe von Menschen, der er in der Realität ähnlich nahesteht wie dem englischen Königshaus, dem kann man kaum verwehren, sich über die Niederlage einer anderen Dynastie zu amüsieren. Es ist nun mal ein Spiel.

»Zu seinem 75. Geburtstag gab mein Vater ein feierliches Abendessen mit 50 Gästen. Auch wenn keine Kleiderordnung vorgegeben war, trugen alle festliche Kleidung. Nur mein fünfunddreißigjähriger Bruder erschien unrasiert und in Schlabberhose. Ich sagte ihm, er hätte sich besser anziehen sollen – er meinte, ich sei spießig, Kleidung sei oberflächlich und unwichtig. Erwarte ich zu Recht, dass er sich dem Anlass entsprechend kleidet? Oder muss ich tolerieren, dass er Äußerlichkeiten für unwichtig hält?«

Willibald T., Koblenz

Auf Ihre Frage kann ich nur mit »Ja« antworten: Ja, Sie können zu Recht erwarten, dass er sich dem Anlass entsprechend kleidet. Und ja, Sie müssen tolerieren, dass er Äußerlichkeiten für unwichtig hält. Und das ist kein Widerspruch.

Auch ich bin kein großer Freund von Äußerlichkeiten, sie sind, wie der Name schon sagt, äußerlich und damit eigentlich nur Schein. Handelt man, um das Äußere zu wahren, gegen die eigene innere Überzeugung, kann das sogar in Richtung Unaufrichtigkeit gehen. Und bei Kleidung bekommt es sehr schnell etwas von einer Maskerade. Insofern kann ich die Auffassung Ihres Bruders zumindest zum Teil nachvollziehen.

Dennoch stimme ich Ihnen zu: Sie können zu Recht erwarten, dass Ihr Bruder sich dem Anlass entsprechend kleidet. Sich zu einem festlichen Geburtstag festlich zu geben, verlangt die Etikette. Nur was hat Etikette mit Moral zu tun? Im Grunde wenig. Allerdings gibt es einen Berührungspunkt: die Achtung vor dem Gegenüber. Da die Einhaltung von Benimmregeln häufig Aufwand bedeutet, kann in ihrer Verletzung zugleich eine Verletzung des Gegenübers liegen, weil er ihr eine Geringschätzung entnehmen kann: Er ist diesen Aufwand nicht wert. Damit aber bewegt man sich auf moralischem Terrain.

Und so würde ich es hier sehen: Auch wenn Ihr Bruder nicht gern Anzug trägt, scheint mir dieser vergleichsweise geringe Aufwand geboten. Aus Achtung vor Ihrem Vater, der offenbar selbst größeren Aufwand für seinen besonderen Tag betrieben und dafür einen exklusiven Rahmen gewählt hat. Und für das Ausfechten von Kleidungskämpfen hat die Natur die Pubertät erfunden, die irgendwann einmal zu Ende ist.

Allerdings, und damit kommen wir zum Schluss, müssen Sie Ihrem Bruder gar nicht zustimmen, um seinen Schlabberlook zu tolerieren. Im Gegenteil, Toleranz setzt Ablehnung sogar voraus. Etwas, was Sie für richtig halten, können Sie nicht tolerieren, sondern nur teilen. Und da mir das Verhalten Ihres Bruders zwar falsch, aber nicht intolerabel erscheint, bin ich der Meinung, dass Sie es zwar kritisieren können, aber dennoch tolerieren sollten.

* * *

Sarah Buss: Appearing Respectful: The Moral Significance of Manners, Ethics 109 (July 1999), S. 795 – 826.

Felicia Ackerman: A Man by Nothing Is So Well Betrayes as by His Manners? Politeness as a Virtue, Midwest Studies in Philosophy 12 (1988), S. 250 – 258.

André Comte-Sponville: Anleitung zum unzeitgemäßen Leben, Rowohlt Verlag, Reinbek bei Hamburg 2001. Hier vor allem Kapitel 1: Höflichkeit.

Rainer Forst: Toleranz im Konflikt, Suhrkamp Verlag, Frankfurt am Main 2003.

*»Eine Freundin trägt mir jedes Mal, wenn ich sie treffe –
mehrmals im Monat –, Grüße auf für meinen Mann. Obwohl ich das, ehrlich gesagt, übertrieben und beinahe lästig
finde, richte ich die Grüße fast immer aus. Schließlich
schenkt ein Mensch einem anderen einen freundlichen Gedanken, und den möchte ich meinem Mann eigentlich
nicht vorenthalten. Ich selber freue mich ja auch darüber,
gegrüßt zu werden. Muss ich ein schlechtes Gewissen haben, wenn ich es doch einmal unterlasse, die Grüße zu
übermitteln?«* Ruth G., Kaiserslautern

Sie haben natürlich völlig recht mit Ihrer Grundeinstellung: Im Allgemeinen sollte man Grüße ausrichten.
Dazu muss man nur überlegen, was die Folge sein könnte, wenn Sie die freundlichen Gedanken nicht weiter-
tragen, sagen wir mal von einem alten Studienfreund,
den Ihr Mann Jahre nicht gesehen hat, dem Sie aber
zufällig begegnet sind. Unschön wäre doch, wenn Ihr
Mann den Studienfreund trifft, sich beklagt, dass er so
lange nichts gehört hat, und dann gefragt wird, ob ihn
denn die Grüße nicht erreicht hätten. Er wäre überrascht und müsste ehrlicherweise nein sagen. Als Ergebnis fühlten sich alle schlecht: der Studienfreund, weil
seine Grüße nicht übermittelt wurden, Ihr Mann, weil
sie ihm vorenthalten wurden, und Sie, weil Sie Ihren
Auftrag versäumt haben. Ganz klar, das ist nicht gut.
Weniger, weil es peinlich wäre, sondern weil hier, wie

Sie schon schreiben, Gefühle verletzt werden könnten und auch die Möglichkeit vereitelt wird, dass Ihr Mann sich freut und die alte Freundschaft wiederaufleben lässt.

Was aber passiert, wenn Ihre Freundin bei Ihrem Mann nachfragt? Dieser müsste rückfragen, schließlich bekommt er ja mehrmals im Monat Grüße ausgerichtet. Ihre Freundin würde nachdenken, und am Schluss stehen beide mit ihren Terminkalendern da und versuchen zu eruieren, ob Sie in jedem einzelnen Fall die guten Gedanken weitergetragen haben. Das wäre natürlich Unsinn und zeigt, dass das Übermitteln der Grüße nicht jedes Mal unbedingt notwendig ist. Denn wozu dient diese Gewohnheit? Einem anderen zu zeigen, dass man freundlich an ihn denkt oder einen Kontakt aufrechterhalten möchte. Das Erste weiß Ihr Mann, auch wenn es nicht wöchentlich wiederholt wird, das Zweite wird durch die Ihnen lästige Grüßerei eher gefährdet als gefördert. Also alles mit Maß und keine unnötigen Gewissensbisse.

»Immer wenn sich jemand vordrängelt – in jeglicher Art von Warteschlangen –, ärgere ich mich darüber. Besonders wenn er oder sie es auf eine uncharmante, plumpe Art tut. Ich gehe davon aus, dass die wenigsten gerne warten und viele wenig Zeit haben. Ich ärgere mich darüber, dass die Vordrängler sich herausnehmen, ihre Bedürfnisse vor die Bedürfnisse anderer zu stellen. Meine Gewissensfrage lautet nun: Soll ich die Drängler darauf ansprechen, oder soll ich sie – wie es die meisten Wartenden tun – einfach gewähren lassen?« Klaus Jürgen T., Köln

Cato der Ältere, römischer Staatsmann im 2. Jahrhundert vor Christus, soll jede seiner Reden im Senat mit dem Satz geschlossen haben: »Ceterum censeo Carthaginem esse delendam« (»Im Übrigen meine ich, dass Karthago zerstört werden muss«). Diese ständige Wiederholung führte der Überlieferung zufolge dazu, dass der Antrag irgendwann eine Mehrheit erhielt und Karthago, wie Cato es wollte, im Dritten Punischen Krieg schließlich angegriffen und zerstört wurde.

Warum behellige ich Sie hier mit kriegerischen, historisch noch dazu umstrittenen Schulweisheiten? Vielleicht klingt das jetzt ein bisschen weltfremd, aber ich glaube, dass man das Zusammenleben auf ähnliche Weise befördern kann: durch ständige kleine Schritte, mögen sie im Moment auch vergeblich erscheinen. Kein Wunder, werden Sie nun ausrufen, das muss er ja glauben, wenn er seit vielen Jahren Moralkolumnen schreibt. Mag sein, aber hier geht es um eine andere Idee: Viele Menschen handeln tatsächlich rücksichtslos und egoistisch, zum Beispiel wer sich in einer Schlange von Wartenden ohne besonderen Grund vordrängt.

Dazu kann man sich auf zweierlei Weise verhalten: nichts sagen mit dem Effekt, dass der unwidersprochene Erfolg den moralischen Trittbrettfahrer in seinem Tun bestärkt. Oder man gibt ein klares Statement dazu ab in der Hoffnung, dass er sich ein bisschen unwohl dabei fühlt und es irgendwann seinlässt.

Natürlich spielt man dabei keine sehr attraktive Rolle und sollte höllisch aufpassen, nicht zum Moralapostel zu mutieren, der versucht, anderen seine private Moral aufzuzwingen. Aber auf ein sachliches »Das, was Sie tun, halte ich für falsch!« kann der andere ganz einfach »Ich nicht!« entgegnen – so er sich nichts vorzuwerfen hat. Nur wird ihm das deutlich schwerer fallen, wenn er sich – wie hier – wirklich unsozial verhält.

»Mein Bruder war kürzlich mit seinem Freund in meinem Lieblingsrestaurant, einem Türken in Berlin-Kreuzberg. Die beiden wurden von den Kellnern beim Turteln beobachtet, daraufhin zunächst nicht bedient und dann sogar des Lokals verwiesen. Für mich ist nach diesem Vorfall klar, dass ich in einem Restaurant mit schwulenfeindlichem Personal nicht mehr essen will. Ich habe auch all meinen Freunden verboten, dieses Lokal zu besuchen. Ist das in Ordnung?«   Marlies B., Berlin

Natürlich können Sie jederzeit ein Lokal meiden, weil Ihnen etwas nicht passt, und auch Ihre Freunde dazu auffordern. Schwierig an Ihrem kleinen Privatboykott – der hoffentlich erst nach einem klärenden Gespräch beschlossen wurde – ist aber, dass Sie damit etwas Ähnliches machen wie die Kellner: Sie wollen mit Leuten nichts zu tun haben, die sich anders verhalten, als es Ihren Vorstellungen entspricht. Im Prinzip fordern Sie Toleranz von den Kellnern, die wohl Homosexualität ablehnen, sind aber nicht bereit, deren intolerante Einstellung selbst zu tolerieren.

Damit wäre man beim »Paradoxon der Toleranz«, wie es der österreichisch-englische Philosoph Karl Popper 1945 nannte. Er meinte, wenn man absolut tolerant sei, also auch gegenüber Intoleranten, würde die Toleranz unterliegen und vernichtet. Deshalb dürfe man Intoleranz nicht tolerieren. Das scheint mir jedoch problematisch. »Die Moral ist weder ein Handel noch ein Spiegel«, schreibt der französische Philosoph André Comte-Sponville in diesem Zusammenhang. Was zu tolerieren ist und was nicht, bemisst sich nach dem Inhalt, nicht danach, wie es vertreten wird.

Und das führt zum Punkt: Auch wenn ein Restaurant privat ist, hat es eine gewisse Öffentlichkeit. Stellen Sie sich vor, man würde sich dort weigern, Schwarze oder bestimmte Religionsgruppen zu bedienen: Das würde man zu Recht als skandalös empfinden. Unabhängig von der Frage, inwieweit man Intoleranz tolerieren muss, ist die Diskriminierung von Menschengruppen nicht tolerabel. Man müsste auch kein Vereinslokal des Ku-Klux-Klan dulden.

Die ethisch-politische Grundeinstellung einer Gesellschaft ist nicht vollkommen neutral. Ethik ist kein Notar, der sich vor der Ziehung vom ordnungsgemäßen Zustand des Ziehungsgerätes und der 49 Kugeln überzeugt hat und das Ergebnis protokolliert. Sie enthält Festlegungen, wie ein richtiges und gutes Zusammenleben aussieht. Und zur Grundfestlegung der Gleichwertigkeit und Freiheit des Menschen passt nicht, Menschen wegen ihrer sexuellen Orientierung zu diskriminieren; genauso wenig wie es dazu passen würde, das wegen Geschlecht, Hautfarbe oder Religion zu tun.

Der Aufruf an Ihre Freunde, das Lokal zu boykottieren, ist deshalb gerechtfertigt. Aber nicht weil die Angestellten dort selbst intolerant sind, sondern weil sie mit ihrem Verhalten moralische Grundprinzipien unserer Gesellschaft negieren. Die aber darf und sollte man verteidigen.

* * *

André Comte-Sponville: Ermutigung zum unzeitgemäßen Leben – Ein kleines Brevier der Tugenden und Werte, Rowohlt Verlag, Reinbek bei Hamburg 1998, dort das Kapitel 13: Toleranz.

Jürgen Habermas: Anerkennungskämpfe im demokratischen Rechtsstaat, Kommentar in: Charles Taylor: Multikulturalismus und die Politik der Anerkennung, Suhrkamp Verlag, Frankfurt am Main 2009.

John Rawls: Eine Theorie der Gerechtigkeit, Suhrkamp Verlag, Frankfurt am Main 1979, dort § 35 Toleranz gegenüber der Intoleranz.

Karl Popper: Die offene Gesellschaft und ihre Feinde, zitiert nach: Karl R. Popper: Lesebuch (hrsg. von David Miller) Mohr Siebeck / UTB, 2. Auflage 1997, dort S. 430 f. (Fußnote 4 zu S. 313).

Grundlegend zur Toleranz: Rainer Forst: Toleranz im Konflikt, Suhrkamp Verlag, Frankfurt am Main 2003.

Rainer Forst (Hrsg.): Toleranz – Philosophische Grundlagen und gesellschaftliche Praxis einer umstrittenen Tugend, Campus Verlag, Frankfurt am Main 2000.

John Locke: Ein Brief über Toleranz, Englisch-deutsche Ausgabe, Felix Meiner Verlag, Hamburg 1996.

*»Ist es moralisch verwerflich, wenn ich mich im Umgang
mit Menschen von äußerlichen Reizen beeinflussen lasse?
Die Bezauberung durch das Schöne und Jugendliche hat
schließlich Folgen, die ich bei mir, aber auch bei vielen
anderen Männern oft als bedenklich wahrnehme: Wenn
mich zwei Menschen um etwas bitten, um Geduld vielleicht, um einen Gefallen, dann antworte ich dem oder der
Jungen-Schönen oft entgegenkommender; zumindest in-
nerlich, von meiner seelischen Bereitschaft her. Was halten
Sie davon?«*   *Klaus R., München*

Zunächst einmal kann ich Sie beruhigen. Die Bezauberung, die Sie bei sich feststellen, disqualifiziert Sie
nicht; fast scheint sie eine biologische Konstante zu
sein: Wir – Männer wie Frauen – werden vom Schönen
angezogen. Wie und warum das alles funktioniert, er-
gründet ein eigener Wissenschaftszweig, die Attraktivi-
tätsforschung. Von biologischer Seite her betrachtet
steht dabei meist ein Vorteil bei der Fortpflanzung im
Mittelpunkt. So wirken, wie Untersuchungen nachgewiesen haben, Gesichter schön, die fit und jugendlich
aussehen und symmetrisch sind. All dies seien Zeichen
körperlicher Gesundheit, die Symmetrie beispielsweise
ein Hinweis, dass sich der Körper regelmäßig und ohne
Störungen entwickelt hat. Hinter diesem Mechanismus
soll das Bestreben der Natur stecken, den eigenen Nachkommen, welche die eigenen Gene weiterverbreiten,

über die Partnerwahl möglichst gute Chancen mitzugeben.

Die Bevorzugung des Jungen-Schönen steckt also tief in uns und lässt sich weder leugnen noch ohne weiteres unterdrücken. Doch ist sie deshalb auch moralisch richtig? Ich finde nicht. Als mit Verstand ausgestattete Menschen haben wir die Möglichkeit, solche Zusammenhänge zu erkennen und gegenzusteuern – die eigentliche moralische Leistung. Nur wie? Dass uns das Attraktive freundlich stimmt, wird man kaum abstellen können. Das scheint mir auch nicht notwendig. Theoretisch würde es zwar Ihre Bedenken zerstreuen, wenn Sie nun jeden Adonis oder jede Aphrodite besonders unfreundlich behandeln, doch wäre in der Praxis niemandem gedient. Sie können sich hingegen bemühen, auch dann freundlich zu sein, wenn sich die äußerlichen Reize in überschaubaren Grenzen halten und Sie nicht automatisch dazu anspornen.

Neben dem moralisch anzustrebenden Ausgleich hätte dieses Vorgehen noch den Effekt, dass es das allgemeine Freundlichkeitsniveau nicht senkt, sondern zu unser aller Vorteil anhebt.

* * *

Eckart Voland, Karl Grammer: Evolutionary Aesthetics, Springer Verlag, Berlin u. a. 2003.

Winfried Menninghaus: Das Versprechen der Schönheit, Suhrkamp Verlag, Frankfurt am Main 2003.

»Auf dem Nachhauseweg wurde ich vor ein paar Wochen von einem etwa siebzehnjährigen deutsch-türkischen Mädchen angesprochen. Sie sagte, sie wolle ihre Mutter anrufen, und ich solle mich bitte als ihre Arbeitskollegin ausgeben, die angeblich mit ihr den ganzen Tag verbracht hat. Ich müsse nicht viel mehr außer ›hallo‹ und ›ja‹ am Telefon sagen. Ich zögerte und verweigerte dann meine Hilfe, es schien mir falsch, jemandem beim Lügen zu helfen. Habe ich mich damit neutral aus der Affäre gezogen oder doch auf die Seite der Mutter gestellt?«

Franziska T., Salzburg

Eine der bekanntesten Auseinandersetzungen der Philosophiegeschichte fand im Jahr 1797 statt. Sie drehte sich um die Rechtfertigung der Lüge zur Rettung eines anderen Menschen. Der französische Philosoph Benjamin Constant hatte in seiner Schrift »Über politische Reaktion« einen »deutschen Philosophen« kritisiert, der »so weit geht zu behaupten, dass selbst Mördern gegenüber, die uns fragen würden, ob ein Freund von uns in unserem Hause Zuflucht gesucht hat, die Lüge ein Verbrechen wäre«. Dies sei, so Constant, falsch, denn: »Kein Mensch aber hat Recht auf eine Wahrheit, die anderen schadet.«

Constant hatte bei diesem Beispiel, das übrigens schon in der Antike diskutiert wurde, vermutlich den Philosophen und Theologen Johann David Michaelis gemeint, dennoch fühlte Immanuel Kant sich angesprochen und antwortete in dem Aufsatz »Über ein vermeintliches Recht, aus Menschenliebe zu lügen«: »Wahrhaftigkeit in Aussagen, die man nicht umgehen kann, ist formale Pflicht des Menschen gegen Jeden, es mag ihm oder einem Andern daraus auch noch so großer Nachteil erwachsen.« Was bedeutet das für Sie? In Kants Sinne, dem es um eine allgemeine Rechtspflicht zur Wahrhaftigkeit ging, haben Sie sich mit der Verweigerung der Lüge tatsächlich neutral verhalten, also für niemanden Partei ergriffen, sondern nur Ihre Pflicht erfüllt. Doch scheint mir das zu formal.

Praktisch gesehen haben Sie sich auf die Seite der Mutter gestellt. Wäre der Kant-Constant'sche Mörder an der Strippe gewesen, hätten Sie vermutlich anders gehandelt und ihn angelogen. Damit hätten Sie klar Partei für das Mädchen ergriffen. Wenn Sie hier anders, gegen die Lüge entscheiden, zeigt das, dass Sie das Recht der Mutter auf Wahrheit höher einschätzen als das des Mörders. Oder umgekehrt ausgedrückt, das Recht der Tochter auf Schutz in diesem Fall geringer. Das ist nicht falsch, aber eine Entscheidung.

* * *

Immanuel Kant: Über ein vermeintliches Recht, aus Menschenliebe zu lügen, Akademieausgabe VIII, S. 423; online abrufbar unter http://www.korpora.org/Kant/aa08/423.html.

Der gesamte Streit mit dem Text von Benjamin Constant, der die gegenteilige Auffassung vertrat, und weiteren Texten findet sich sehr schön zusammengestellt in:

Georg Geismann und Hariolf Oberer (Hrsg.): Kant und das Recht der Lüge, Königshausen + Neumann, Würzburg 1986.

»Die Einladungen zu einem runden Geburtstag sind ver-
schickt. Einige dankende Bestätigungen gingen telefonisch
oder mündlich bereits ein. Wir erwarten jedoch auf schrift-
liche Einladungen auch schriftliche Antworten, ohne dies
extra kundzutun. Liegen wir in den heutigen Zeiten falsch
in der Annahme, eine Mühe sei der anderen wert? Erwarten
wir eine Höflichkeit, die nicht mehr zeitgemäß ist?«

Arthur F., Bonn

»Geben Sie uns das bitte schriftlich rein!« Diesen Satz
kannte ich bislang vor allem von Behörden, deren Mitarbeiter alle Vorgänge »zu den Akten nehmen« und sich
die Mühe einer Gesprächsnotiz sparen wollen. Nun
weiß ich nicht, ob auch Sie einen Akt angelegt haben:
»In Sachen runder Geburtstag«. Dem kämen abheft-
und archivierbare Bestätigungsschreiben sicher entgegen. Steht hingegen mehr das Fest im Vordergrund, tut
es auch eine einfache Strichliste. Dabei könnten Sie,
betrachtet man die Form als solche, sogar recht haben.
Soweit ich gehört habe, sollte die Zusage entsprechend
zur Einladung erfolgen. Allerdings sind Sie mit der Fo-
kussierung darauf bei mir an der falschen Adresse. Höflichkeit und Moral sind nicht nur zwei Paar Stiefel, sie
schließen sich teilweise sogar aus. In Goethes Faust II
heißt es: »Im Deutschen lügt man, wenn man höflich
ist.« Kant meinte, die Höflichkeit sei »Scheidemünze«,
also Kleingeld, besser als nichts, das abzuschaffen eben-

so unsinnig wäre wie es für bares Gold zu halten. Der französische Philosoph Comte-Sponville hält ihre moralische Reputation für zweifelhaft und bezeichnet sie als Scheintugend, welche nur so tue als ob und sich um die Moral so wenig schere wie die Moral um sie. Beide schätzen die Höflichkeit allerdings in der Erziehung zur echten Tugend, die man laut Aristoteles durch Einübung erwirbt. Abgesehen davon halte ich die Einhaltung von Benimmregeln dort für Pflicht, wo sie einen Zweck erfüllen, zum Beispiel andere vor Kränkungen zu bewahren; in allen übrigen Fällen dagegen für Kür. Ihre schreibfaulen Freunde bekämen bei mir, wenn überhaupt, lediglich Abzüge in der B-Note. Ziel einer Einladung scheint mir weniger die Antwort in einer bestimmten Form zu sein, sondern in erster Linie das Erscheinen von Gästen, die sich wohl fühlen. Ein gutgelaunter unterhaltsamer Besuch dürfte sich bei mir auch per Rauchzeichen melden.

* * *

Johann Wolfgang von Goethe: Faust, Der Tragödie zweiter Teil, Reclam Verlag, Stuttgart 2001, Z. 6770/71.

Immanuel Kant: Anthropologie in pragmatischer Hinsicht, Reclam Verlag, Stuttgart 1983, S. 69 (Akademieausgabe S. 152).

Immanuel Kant: Die Metaphysik der Sitten, Reclam Verlag, Stuttgart 1990, S. 369 (Akademieausgabe S. 473).

André Comte-Sponville: Ermutigung zum unzeitgemäßen Leben. Ein kleines Brevier der Tugenden und Werte, Rowohlt Verlag, Reinbek bei Hamburg 1996, S. 19.

*»Mein jüngerer Bruder fragt, ob ich ihm Geld leihen könn-
te für seinen größten Wunsch: den Motorradführerschein.
Nun hadere ich. Ich bin zwar sicher, dass er defensiv fahren würde, aber ich arbeite in der Unfallchirurgie, dort
landen im Sommer fast täglich verunglückte Motorradfahrer, viele von ihnen unverschuldet. Warnt mich mein
Gewissen zu Recht? Wäre ich nicht an einem Unglück
mitschuldig?«*   Ingrid I., Bad Wörishofen

Es scheint sich hier wieder einmal um das Problem von
Schuld und Verursachung zu drehen. Wenn Sie den Motorradführerschein Ihres Bruders mitfinanzieren, und er
verunglückt anschließend, haben Sie zweifelsfrei ursäch-
lich dazu beigetragen. Denkt man sich die finanzielle
Unterstützung weg, hätte er nicht fahren können.

Nur folgt daraus nicht automatisch auch eine Schuld.
Stellen Sie sich vor, Sie halten ein Schwätzchen mit
Ihrem Nachbarn, der bleibt kurz bei Ihnen stehen und
wird ein paar Minuten später von einem herabfallenden
Dachziegel erschlagen. Ohne Sie wäre er nicht in der Se-
kunde dort gewesen, wo der Ziegel einschlug. Dennoch
tragen Sie keine Schuld, denn ein Gespräch unter Nachbarn enthält nichts Vorwerfbares, sondern ist unter dem
sozialen Gesichtspunkt positiv zu werten. Und das Unglück war zwar vorstellbar, aber nicht wirklich zu erwarten.

Entspricht dem die Unterstützung für Ihren Bruder?

Zum Teil. Einerseits ist das erhöhte Risiko der Motorradfahrer hinreichend bekannt. Andererseits stellt das Motorrad ein gesellschaftlich akzeptiertes gängiges Fortbewegungsmittel dar, Hilfe unter Geschwistern etwas Begrüßenswertes, und Ihr Bruder ist ein freier Mensch.

Eine wirkliche Mitschuld könnte man daher wohl kaum annehmen, dennoch spricht etwas gegen das Vorhaben: Es gibt Gedanken, die, einmal gedacht, sich nicht mehr aus der Welt schaffen lassen und damit die Ausgangslage verändern. Ihre Überlegungen in diesem Fall gehören in diese Gruppe. Egal ob Schuldvorwürfe berechtigt wären oder nicht, allein dass Sie sich darüber den Kopf zerbrochen haben, raubt Ihnen – vor allem sich selbst gegenüber – die gedankliche Unschuld. Das mag nur zum Teil eine ethische Überlegung sein, aber zu seinen Meinungen zu stehen hat auch Gewicht, und Ihr eigenes Wohlbefinden hat nicht weniger Wert als das Ihres Bruders.

* * *

Claus Roxin: Strafrecht, Allgemeiner Teil, Band I: Grundlagen. Der Aufbau der Verbrechenslehre, Verlag C. H. Beck, 4. Auflage, München 2006, § 11 Die Zurechnung zum objektiven Tatbestand.

14. VERMISCHTES

»Brennt ein Haus oder sinkt ein Schiff, heißt es immer: ›Frauen und Kinder zuerst‹. Obwohl es mein Vorteil wäre, finde ich es unfair, Männer immer zuletzt zu retten. Gesetzt den Fall, ich wäre zusammen mit meinem Mann auf der ›Titanic‹ gewesen, wären mir persönlich die Kinder und Frauen anderer wohl ziemlich egal gewesen. Ich hätte versucht, meinen Mann mit ins Rettungsboot zu holen. Ist es moralisch wirklich vertretbar, Kindern und Frauen den Vortritt zu lassen? Die Hilflosigkeit von Kindern leuchtet mir ja ein, aber wir Frauen sollten doch inzwischen gleich behandelt werden. Gilt das in solchen Fällen nicht?«

Birgit H., Kiel

Ganz selten nur lässt sich die Entstehung einer ethischen Regel so genau datieren wie in diesem Fall: auf den 26. Februar 1852 zwei Uhr morgens. Um diese Zeit begann der britische Dampfer Birkenhead in der südafrikanischen Bucht False Bay zu sinken, und Major Alexander Seton ersetzte in dieser Nacht das bis dahin geltende Kommando für aufgegebene Schiffe »Jeder für sich« durch ebenjenes »Frauen und Kinder zuerst«. Ein Entschluss, der ihn selbst, den Kapitän und weitere 435 Männer das Leben kostete, die knapp 80 Frauen und Kinder an Bord aber rettete. Das Prinzip setzte sich als ungeschriebenes Universalgesetz durch, mit der Folge, dass etwa bei der Schifffahrtskatastrophe schlechthin, dem Untergang der Titanic in der Nacht vom 14. auf den 15. April 1912, in der 1., 2. und 3. Klasse zwar 97, 87 und 51 Prozent der Frauen gerettet wurden, aber nur 33, acht und 13 Prozent der Männer. Die Überlebenschancen der Geschlechter unterschieden sich somit, worauf der Nürnberger Sozialanthropologe Henrik Kreutz in einer Untersuchung der Opferzahlen hinweist, um den Faktor drei.

Lässt sich diese Ungleichbehandlung auch ethisch rechtfertigen? Nur dann, wenn sachliche Gründe und nicht lediglich Tradition hinter ihr stehen. Das Abschneiden alter Moralzöpfe bereitet mir besonderes Vergnügen und Galanterie allein würde als Argument keinesfalls ausreichen. Ich sehe jedoch zwei relevante Ansätze. Die Parole leuchtet unmittelbar ein, sie trifft offensichtlich ein moralisches Urempfinden. In solchen Fällen liegt häufig ein biologischer Sinn zugrunde, und es lohnt sich, in dieser Richtung nachzudenken. Und in der Tat, Frauen und Kinder besonders zu schonen dient der Erhaltung der Art: Bei Kindern steht die Fortpflanzung noch bevor, und bei Säugetieren wird die Reproduktion mehr durch die Anzahl der Weibchen denn Männchen begrenzt. Gleiches gilt aus Sicht einer Gruppe, etwa einer Nation – Alexander Seton, der die Regel formulierte, war schließlich Militär, die Birkenhead transportierte Nachschub für den Kaffernkrieg.

Allerdings jagen mir derartige Effizienzerwägungen eher Schauer über den Rücken, als dass sie mich überzeugen. Ganz im Gegensatz zu einer anderen Überlegung: Der Schutz der Schwächeren und der Ausgleich der ihnen aus dieser Position erwachsenden Nachteile stellt einen elementaren Moralgrundsatz dar, wie ihn etwa auch John Rawls in seiner »Theorie der Gerechtigkeit« fordert.

Damit kommt man zur Frage: Sind die Bevorzugten tatsächlich schwächer? Bei Kindern mag man das, wie

Sie auch schreiben, sofort bejahen. Aber bei Frauen? Da wird es vom Einzelfall abhängen, was gegen eine generelle Regel spricht. Allerdings dürften im Notfall sowohl die Überprüfung der Leistungsfähigkeit als auch eine Diskussion darüber kaum möglich sein, deshalb muss hier notgedrungen über einen Kamm, noch dazu einen recht groben, geschoren werden: Geht man davon aus, dass in einer typisierenden Betrachtungsweise Männer größere Chancen haben als Frauen, auch ohne Aufnahme ins Rettungsboot auf offener See zu überleben, lässt sich ihre pauschale Benachteiligung bei der Platzvergabe damit ethisch rechtfertigen – unabhängig von allen emanzipatorischen Überlegungen.

Im Allgemeinen hat die Regel also wohl ihren Sinn. Wenn auch nicht immer. Bei einem gemeinsamen Bootsausflug der nationalen Damen-Schwimmmannschaft und des Herren-Schachteams zum Beispiel müsste man noch einmal über ihre Geltung im Einzelfall nachdenken.

* * *

Olaf Kanter: Frauen und Kinder zuerst!, mare Nr. 41, Dezember 2003.

British Parliamentary Papers, Shipping Casualties (Loss of the Steamship «Titanic»), 1912, cmd. 6352, ›Report of a Formal Investigation into the circumstances attending the foundering on the 15th April, 1912, of the British Steamship «Titanic», of Liverpool, after striking ice in or near Latitude 41°46'N. Longitude 50°14'W., North Atlantic Ocean, whereby loss of life ensued‹ (London: His Majesty's Stationery Office, 1912), S. 42.

Hendrik Kreutz: Das Überleben des Untergangs der Titanic. Eine nichtreaktive Messung sozialer Ungleichheit, Angewandte Sozialforschung Jahrgang 22, Heft 1 / 2 2001, S. 9.

»An meiner Magnetwand im Büro hängt seit langem ein Bild von Tiger Woods, der mich als Golfer restlos begeistert. Nachdem nun seine zahlreichen Affären publik geworden sind, fordern mich immer wieder Kollegen auf, das Bild doch abzuhängen, da man einen solchen Menschen nicht bewundern solle. Ich halte das für Unsinn. Darf ich jemanden nicht mehr für seine sportlichen Erfolge schätzen, weil er ein untreuer Ehemann ist?«

Lilly D., München

Für gewöhnlich gebe ich ja nur sehr ungern den Ball an den Fragesteller zurück. Aber hier geht es nicht anders: Wie Sie das halten, hängt – neben der moralischen Bewertung von außerehelichen Affären – vor allem von Ihrem Sportverständnis ab.

Entscheidend ist nämlich, wie weit Sie zwischen dem Sportler Tiger Woods und dem Menschen Eldrick »Tiger« Woods unterscheiden wollen. Darin spiegelt sich wider, wie Sie den Sport verstehen. Das kann sein: mehr mechanisch als Erbringung von körperlichen Leistungen losgelöst von der Persönlichkeit – im Sinne eines Leib-Seele-Dualismus auf dem Putting Green. Dann zeigt das Foto an Ihrer Pinnwand lediglich eine perfekte Golfballplatzierungsmaschine als Vorbild für Ihren Traumschlag.

Die könnte allenfalls durch Fehlverhalten innerhalb des Sports wie Doping oder Unfairness beeinträchtigt werden, keinesfalls aber durch private Verfehlungen des Akteurs. Begreifen Sie den Sport dagegen umfassend als lebensgestaltendes Zusammenwirken von Körper, Geist und Seele, würde ein privates moralisches Handicap natürlich auf das Gesamtbild durchschlagen. Nach dem Motto: Wer im Leben foult, hat auch als Sportler verloren. Allerdings bleibt zu überlegen, wie realitätsnah es ist, an der Spitze eines milliardenschweren Sportzirkus ausschließlich reine Charaktere zu erwarten.

Meine Begeisterung für Menschen, die nur besonders geschickt darin sind, Spielaufgaben zu erledigen, hält sich ohnehin in überschaubaren Grenzen. Und ich vermag auch keine Verbindung zu erkennen zwischen dem virtuosen Umgang, sei es mit Bällen, Wörtern oder Gedanken, und einem bewundernswerten Charakter. Wenn ich jedoch bei jemandem, dessen Leistungen ich hoch schätze, von einem Verhalten erfahre, das ich persönlich wirklich missbillige, bleibt bei mir nur ein kühler Respekt vor der speziellen Leistung. Der bleibt, mehr aber auch nicht.

»Zurzeit wird viel über die Würde des Menschen, die über den Tod hinausgeht, diskutiert. Deshalb gerate ich ins Grübeln, wenn ich auf dem Alten Nördlichen Friedhof in München joggen gehe. Die letzten Beerdigungen dort liegen lang zurück; viele Grabsteine sind verwittert, die Namen aber noch lesbar. Ist es verwerflich, wenn ich mich am Grab eines Bezirksamtsassessors, verstorben 1897, abstütze, um Dehnungsübungen zu machen?«

Herbert F., München

Die rechtliche Lage scheint klar: Der Alte Nördliche Friedhof in München ist, obwohl dort seit 1939 keine Beisetzungen mehr stattfinden, nach wie vor als solcher gewidmet. Die städtische Friedhofssatzung verlangt von Besuchern, sich entsprechend zu verhalten; und das schließt nach Auskunft der zuständigen Behörde Joggen und Dehnübungen an Grabsteinen eindeutig aus.

Nun dürfte Ihnen weniger an Informationen liegen, welche ein Anruf im Rathaus liefert, als vielmehr daran, wie es jenseits von Paragraphen – und Religion – aussieht. Und da komme ich nach längerer Überlegung zu dem – zugegebenermaßen subjektiv gefärbten – Ergebnis: Joggen ja, Dehnen nein.

Warum? Der Tod mag zwar nicht Bestandteil des Lebens sein, sondern vielmehr das Gegenteil, dennoch gehört er ebenso zum Menschsein wie das Leben. Insofern muss man den Toten nicht mehr Respekt entbieten als den Lebenden, aber genauso viel. Friedhöfe sind keine Orte des Schreckens oder unberührbare Sonderbereiche unseres Daseins, sondern »letzte Ruhestätten« von Mitmenschen und Orte der Trauer. Dort zu joggen – als Teil des öffentlichen Lebens – erachte ich nicht als verkehrt, schließlich stellt Laufen kein unziemliches Spektakel dar. Anders sehe ich hingegen die Dehnübung am Grabstein: Damit treten Sie dem Verstorbenen zu nahe. Schließlich hätten Sie sich auch nicht zu Lebzeiten an seinem Stuhl oder Bett gedehnt.

Sicherlich sind die letzten Überreste des Assessors nach mehr als hundert Jahren schon in die Natur zurückgekehrt und auch keine trauernden Angehörigen mehr zu schonen. Ich finde auch nicht, dass ein Grab, wie es etwa Judentum und Islam fordern, auf ewige Zeiten angelegt sein muss. Solange es aber vorhanden ist, wie in diesem Fall, sollte man es respektieren. Sonst verkehrt man die Erinnerung an den Menschen und damit einen Teil von ihm zur puren Dekoration, und das scheint mir selbst nach dieser Zeitspanne problematisch.

»Heute bekam ich eine Einladung für ein Bewerbungsverfahren an einer Fachhochschule in Bayern. Dort soll ich einen Berufungsvortrag halten. Man bat mich zum Termin den beiliegenden Fragebogen ausgefüllt mitzubringen. Darin finde ich ulkige Fragen wie ›Sind oder waren Sie Mitglied einer extremistischen Organisation‹ Schon klar, dass ich ›Nein‹ ankreuzen sollte, wenn ich nicht meine Chancen auf eine Berufung schmälern möchte. Es ist nun aber so, dass ich bis 1994 Mitglied in der katholischen Kirche war. Wäre es unehrlich, der Berufungskommission dies zu verschweigen‹« Susanne B., Hamburg*

Zu Unehrlichkeit will ich nicht raten, deshalb habe ich mich kundig gemacht. Nach Auskunft des zuständigen Bayerischen Innenministeriums orientiert sich die Frage, welche Organisationen extremistisch sind, an Art. 3 des Bayerischen Verfassungsschutzgesetzes. Dort werden als Charakteristika unter anderem Bestrebungen gegen die freiheitlich demokratische Grundordnung oder sicherheitsgefährdende Tätigkeiten für eine fremde Macht genannt.

Nun wird die katholische Kirche in Personalunion vom Staatschef des Vatikans geführt, einer absoluten Monarchie, die ähnlich wie die Kirche selbst weder Gewaltenteilung noch Demokratie kennt – beides elementare Grundzüge unserer Verfassung. Frauen wird in Kirche wie Vatikan der gleichberechtigte Zugang zu höheren Ämtern verwehrt, sexuelle Minderheiten werden verfemt und diskriminiert. Zudem sind die hiesigen leitenden Geistlichen, obwohl aus deutschen Staatskassen bezahlt, undemokratisch zustande gekommenen Weisungen aus dem theokratischen Kleinstaat zu Gehorsam verpflichtet. Und so manche ihrer Äußerungen scheinen, wenn auch nicht direkt sicherheitsgefährdend, so doch stark polarisierend. Insgesamt zeigt sich an vielen Stellen also eine deutliche Abweichung von Gesellschaftsverständnis und Menschenbild unserer Verfassung. Letzteres gründet zwar auf dem christlichen Menschenbild, hat sich jedoch im Hinblick etwa auf Eigenverantwortung, Freiheit und Gleichheit gegenüber dem der katholischen Kirche offenbar deutlich weiterentwickelt.

Was bedeutet das für Sie und Ihr Problem? Zum Glück für mein Seelenheil müssen wir die Frage, ob die katholische Kirche nun unter die Definition fällt, nicht abschließend beantworten. Denn das Innenministerium teilte auch mit, dass es zu dem Fragebogen eine Liste von extremistischen Organisationen gibt. Ich habe nachgesehen: Die katholische Kirche steht nicht darauf. Sie können also beruhigt »Nein« ankreuzen. Mit dem Segen der Bayerischen Staatsregierung.

* * *

Bayerisches Verfassungsschutzgesetz

Art. 3 Aufgaben
(1) 1 Das Landesamt für Verfassungsschutz hat die Aufgabe,
1. Bestrebungen im Geltungsbereich des Grundgesetzes, die gegen die freiheitliche demokratische Grundordnung, den Bestand oder die Sicherheit des Bundes oder eines Landes gerichtet sind oder eine ungesetzliche Beeinträchtigung der Amtsführung verfassungsmäßi-

ger Organe des Bundes oder eines Landes oder ihrer Mitglieder zum Ziele haben,

2. sicherheitsgefährdende oder geheimdienstliche Tätigkeiten im Geltungsbereich des Grundgesetzes für eine fremde Macht,

3. Bestrebungen im Geltungsbereich des Grundgesetzes, die durch Anwendung von Gewalt oder darauf gerichtete Vorbereitungshandlungen auswärtige Belange der Bundesrepublik Deutschland gefährden,

4. Bestrebungen im Geltungsbereich des Grundgesetzes, die gegen den Gedanken der Völkerverständigung (Art. 9 Abs. 2 Grundgesetz), insbesondere gegen das friedliche Zusammenleben der Völker (Art. 26 Abs. 1 Grundgesetz) gerichtet sind,

5. Bestrebungen und Tätigkeiten der Organisierten Kriminalität im Geltungsbereich des Grundgesetzes zu beobachten; solche Bestrebungen und Tätigkeiten können von Gruppierungen oder Einzelpersonen ausgehen.

Liste der extremistischen Organisationen:

Bekanntmachung des Bayerischen Staatsministeriums des Innern vom 29. 11. 2007 Allgemeines Ministerialblatt 2007 S. 695 ff.

Die finanzielle Ausstattung der bischöflichen und erzbischöflichen Stühle durch den Freistaat Bayern ist in Art. 10 des Bayerischen Konkordats vom 29. März 1924 (Bayerisches GVBl. 1925, S. 53) festgelegt.

»Der im Zusammenhang mit Computernetzwerken ge-
bräuchliche Begriff ›router‹ wird von amerikanischen Mut-
tersprachlern korrekt ›rauter‹ ausgesprochen. Allerdings
sagen viele Leute in Deutschland fälschlich ›ruhter‹, etwa
so wie in ›route sixty-six‹. Mich stört es nicht, wenn jemand den Begriff falsch ausspricht, aber wie soll ich antworten? Sage ich es meinem Gesprächspartner zuliebe
ebenfalls falsch, sträubt sich mein Sprachempfinden; sage
ich es richtig, würde mein Gegenüber dies vielleicht als
Zurechtweisung empfinden. Was raten Sie mir?«

Benedikt H., Berlin

Das von Ihnen angeführte Beispiel ist ein ganz spezieller
Fall. Nach meinen Recherchen wird das Gerät im briti-
schen Englisch tatsächlich »ruhter« ausgesprochen. Sie
haben jedoch recht, dass die korrekte amerikanische
Aussprache »rauter« lautet. Und ein Konflikt entsteht,
wenn Sie sich auf den vertretbaren Standpunkt stellen,
dass die internationale Computersprache das amerikanische, nicht das britische Englisch ist. Vermutlich achten Sie ebenso darauf, die Alpen mittels eines, dort hei-
misch auf der zweiten Silbe betonten »Tunells« zu que-
ren, während Sie unter der Elbe hindurch hochdeutsch
korrekt in einem »Tunnel« (Betonung auf dem u) fahren.
Ich persönlich allerdings kaufe bei meiner Gemüsefrau
hier in München Tomaten, selbst wenn ich sehe, dass
sie als Paradeiser im Wiener Becken gezogen wurden.

Aber zugegeben: In der direkten Ansprache des Gemüses verwende dann auch ich deren vertrautes Idiom. Man hat's schließlich nicht leicht als Paradeiser in der Fremde.

Doch was tun, wenn das Gegenüber einen Begriff tatsächlich völlig falsch ausspricht? Ich würde es so halten wie immer im Zwischenmenschlichen: der Situation angepasst, weniger auf einem Prinzip beharrend. Natürlich kann Sie niemand zwingen, Ihr Sprachgefühl zu vergewaltigen. Im Allgemeinen ist es auch das Beste, so zu sprechen, wie man es für richtig hält. Immerhin stellt das einen Aspekt der Wahrhaftigkeit dar: sich nicht zu verstellen. Es wird aber Situationen geben, in denen man sein Gegenüber nicht bloßstellen will oder die Verständigung anders leichter wird. Schließlich ist die Aussprache von Fremdwörtern kein Glaubensbekenntnis, sondern Teil der Kommunikation und damit eines Miteinanders.

»Neulich forderte mich eine Bekannte auf, ihr den Fahrrad-
reifen aufzupumpen – weil ich doch als Mann mehr Kraft
hätte. Das widerspricht aber absolut meinem Verständnis
der Emanzipation, deswegen lehnte ich mit dieser Begrün-
dung ab. Sie fand einen anderen Mann, der ihr half, und
bezeichnet mich seitdem als ›Nicht-Gentleman‹. Hätte ich
ihr helfen müssen?«   *Mark P., Berlin*

Liegt hier überhaupt ein moralisches Problem vor? Sicherlich stellt anderen zu helfen ein moralisches Anliegen dar, ebenso die Förderung der Gleichberechtigung.
Ein Konflikt entsteht aber erst dann, wenn die Hilfe
einerseits moralisch geboten ist, aber andererseits die
Gleichberechtigung unter ihr leidet, weil sie überkom-
mene Rollenbilder fördert.

Tatsächlich gibt es körperliche Unterschiede zwischen den Geschlechtern, und in vielen Fällen sind Männer kräftiger als Frauen. Wenn es also darum ginge, einen
schweren Schrank zu tragen, könnte die Situation ein-
treten, dass manche Frau ihn nicht heben kann, ein da-
nebenstehender Mann dagegen schon. Ob es klug wäre,
solche Lasten zu heben, nur um sich als Kavalier zu
erweisen, steht auf einem anderen Blatt; das sollte derjenige am besten mit seinem Orthopäden klären.

Das Aufpumpen von Fahrrädern fällt jedenfalls nicht
in diese Kategorie; rein körperlich können das Männer
wie Frauen. Männliche Hilfe gleicht dabei also nicht

Unterschiede aus, sondern bedient Geschlechterrollen in einer Inszenierung. Und obwohl das im Augenblick der Frau zugutekommt, kann es allgemein negativ sein, weil es falsche Klischees zementiert. Der Soziologe Erving Goffman etwa meinte, »dass die wichtigste Errungenschaft der Frauenbewegung nicht die unmittelbare Verbesserung der Lebensumstände vieler Frauen ist, sondern die Schwächung derjenigen dogmatischen Überzeugungen, die ehemals die geschlechtsspezifische Arbeits- und Einkommensteilung untermauert haben«.

Nun sind Gleichberechtigung und Gender-Diskussion inzwischen glücklicherweise weiter und ermöglichen eine entspanntere Sichtweise. Beiden Beteiligten sollte heutzutage klar sein, dass sie in einer derartigen Situation Rollen spielen, die man reflektieren und vielleicht sogar humorvoll auflösen kann. Dann droht der Gleichberechtigung kein Schaden, und eine Hilfe wäre nett, wenn auch nicht unbedingt geboten.

* * *

Erving Goffman: Das Arrangement der Geschlechter. In: ders.: Interaktion und Geschlecht, hrsg. und eingel. von Hubert A. Knoblauch, mit einem Nachwort von Helga Kotthoff, Campus Verlag, Frankfurt am Main 1994, 2001.

Daneben lesenswert:

Christina von Braun / Inge Stephan (Hrsg.): Gender@Wissen, Ein Handbuch der Gender-Theorien, Böhlau / UTB, Köln, Weimar, Wien, 2. Aufl. 2009. Darin zu diesem Thema insbesondere das Kapitel »Körper« von Irmela Marei Krüger-Fürhoff.

»Letztes Jahr ging ich zur Christmette in den Alten Peter. Da mit großem Andrang zu rechnen war, kam ich eine halbe Stunde zu früh, um noch einen Sitzplatz zu ergattern. Zwei Minuten vor Beginn betrat eine alte, gehbehinderte Frau die Kirche und ging langsam den Mittelgang nach vorn, wo sie abwartend stehen blieb – bis ihr auch tatsächlich ein Sitzplatz angeboten wurde. Wenn sie sich vor mir aufgebaut hätte, wäre ich wohl aufgestanden, aber nur mit einigem Grummeln: Schließlich hätte sie ja auch früher kommen können. Gleichzeitig schämte ich mich für den wenig weihnachtlichen Gedanken – zu Recht?«

Julia B., München

Wie mit selbstverschuldeter Not umgegangen werden sollte, darüber wird in der Gerechtigkeitsphilosophie heftig diskutiert. Und selbstverschuldet dürfte die Kirchenbanknot der alten Dame vermutlich sein. Einmal vorausgesetzt, sie hat nicht auf schneeglatter Straße wegen ihrer Gebrechen den Schritt verlangsamen müssen und den Bus um Rauschgoldengelhaaresbreite verpasst. Ansonsten wäre es auch ihr möglich gewesen, früher zu erscheinen und sich eine freie Bank auszusuchen. Man kann deshalb leicht, von gewichtigen Argumenten gestützt, erhobenen moralischen Hauptes sein eigenes Erheben verweigern.

So weit, so gut; doch scheinen mir diese Überlegungen reichlich theoretisch. Sie sind doch unter anderem deshalb vom heimischen Gabentisch in die Kirche geeilt, um dort das Weihnachtsevangelium zu hören. Auch da geht es um Platz: Weil Maria und Josef keinen Raum in der Herberge fanden, musste das Jesuskind schließlich in einem Stall zur Welt kommen. Wollen Sie wirklich bequem sitzend dieser Geschichte lauschen, nachdem Sie Ihren Platz in der Kirchenbank gegen eine – warum auch immer – Bedürftige verteidigt haben? Mögen Sie moralphilosophisch noch so berechtigt sein, Ihre Gedanken sind unweihnachtlich. Das wäre für sich allein noch kein Grund zum Schämen. Niemand muss, nur weil am Kalender gleichzeitig die Zahlen 24 und 12 auftauchen, plötzlich ein Zimtsternleuchten in den Augen bekommen und zum inneren und äußeren Gutmenschen mutieren. Allein: Sie gehen zur Christmette. Und wenn Sie das nicht nur aus folkloristischen Gründen tun, sollte Ihnen Ihr Grummeln in der Tat zu denken geben.

»*Angenommen, der deutsche Nationaltorwart Neuer hätte bei der Fußball-WM im Spiel gegen England gesehen, dass der Ball im Tor war – wäre er moralisch verpflichtet gewesen, den Schiedsrichter auf dessen Fehlentscheidung, das Tor nicht anzuerkennen, aufmerksam zu machen? Oder konnte Neuer sich darauf berufen, dass ein solches Eingreifen gravierende Folgen für seine Mannschaftskameraden, ja sogar die ganze Nation gehabt hätte? Oder aber, dass eine Reklamation zu eigenen Ungunsten im Profifußball absolut unüblich ist und nicht einmal vom Gegner erwartet wird?*«*   Hans H., München*

Gesetzt den Fall, Herr Neuer hat gesehen, dass der Ball im Tor war, befand er sich tatsächlich in einem Konflikt. Mit der Besonderheit, dass nicht nur er selbst und seine Mitspieler, sondern sogar zwei Nationen beteiligt waren. Um diese Situation zu analysieren, möchte ich eine zugegebenermaßen kühne Theorie entwickeln: die Doppelspieltheorie.

Fußball ist bekanntlich ein Spiel, und das läuft nach Regeln ab – den geschriebenen und den ungeschriebenen. Zu den ungeschriebenen gehören bestimmte Fairplay-Üblichkeiten, aber auch das beiderseitige Einverständnis, inwieweit Regelverstöße sportlich akzeptiert werden. Dies alles gilt beim reinen Fußballspiel, wie man es im Amateur- oder Freizeitbereich kennt, sozusagen beim »Rasenspiel«. Hier scheint die idealisierte

Grundregel des Sports ihren Raum zu haben: »Spiele fair!«

Daneben gibt es aber im Profibereich und bei Länderspielen ein zweites Spiel, das darum herum stattfindet. Im Profibereich, wie der heute startenden Bundesliga, geht es dabei um viel Geld, teilweise werden Vereine als Aktiengesellschaften an der Börse gehandelt, und die Spieler sind deren Kapital und Angestellte. Bei Nationalspielen, besonders bei internationalen Meisterschaften, habe ich den Eindruck, dass neben den Sport mindestens gleichberechtigt das Nationalgefühl tritt. Deshalb möchte ich das zweite Spiel dort »Nationalisierungsspiel« nennen: Man tut so, als wäre eine Nation etwas Besseres, weil elf berufsmäßige Fußballer aus diesem Land besser kicken als elf berufsmäßige Fußballer aus einem anderen Land. Um dieses Gefühl zu haben und nächtelang im Fahnentaumel über die Straßen zu ziehen, braucht es schon ein gerüttelt Maß an Illusion – eben eines der Charakteristika eines Spiels. Die Illusion dieses Spiels, dass es bei 90 Minuten Ballspiel kriegsähnlich um die Ehre einer geliebten Nation geht, erfordert dann auch eigene Regeln, und da liegen die des Krieges näher als die der Fairness: »Im Krieg und in der Liebe sind alle Tricks erlaubt.« Die Grundregel wäre dann hier wie bei den Profis: »Gewinne!«

Die elf Nationalspieler sind nun Mitspieler in beiden Spielen und somit beiden Grundregeln verpflichtet. Aber wie? Aus moralischer Sicht würde ich begrüßen, wenn sie es schaffen, das »Spiele fair!« auch in das Nationalisierungsspiel zu transportieren, statt umgekehrt das »Gewinne!« in das eigentliche ursprüngliche Spiel, das Rasenspiel. Ich sehe aber durchaus die davon abweichende Wirklichkeit, vor der auch Herr Neuer stand.

»Neulich wurde ich von der Kassiererin eines Schuhladens nach meiner Postleitzahl gefragt – um künftig Werbebriefe besser steuern zu können, wie sie mir erklärte. Ich weigerte mich, ohne genau sagen zu können, warum. Und ich hatte dabei ein schlechtes Gefühl, weil mein Nein der Kassiererin sichtlich unangenehm war. Hätte ich mitmachen sollen?«   *Franzisca I., Bottrop*

Dem legendären Industriellen und Gründer der Fordwerke Henry Ford wird der Satz zugeschrieben: »Die Hälfte meiner Ausgaben für Werbung ist zum Fenster hinausgeworfen. Ich weiß nur nicht, welche.« Der Schuhhändler möchte es herausfinden und bittet Sie um Ihre Mithilfe. Die stellt sich eher harmlos dar, die eigene Postleitzahl zu sagen bedeutet schließlich weder Aufwand noch die Preisgabe von Intimitäten. Da unnötige Werbung auch die Umwelt belastet, scheint sich bei einer Abwägung der beteiligten Interessen die Waagschale zugunsten des neugierigen Schuhladens zu senken.

Meines Erachtens tut sie das allerdings nicht wirklich. Denn auf Ihrer Seite liegt ein Schwergewicht: Ihr Recht auf Privatheit. Zum ersten Mal formuliert wurde es 1890 von Samuel Warren und Louis Brandeis in der Harvard Law Review und dort definiert als »the right to be let alone – das Recht, in Ruhe gelassen zu werden«. Dazu zählt auch die Kontrolle über private Informationen, selbst wenn es nur um Ihre Postleitzahl geht. Denn in diesem Zusammenhang ist es *Ihre* Postleitzahl.

Und damit steht es in Ihrer Entscheidung, ob Sie diese herausgeben wollen. Ich halte es für sehr grundsätzlich, ob man sich an dieser Stelle rechtfertigen muss oder nicht; und ich bin der festen Überzeugung, man muss es nicht. Für die Entscheidung, dass man keine Informationen über sich preisgeben will, reicht – dem Wesen der Privatheit entsprechend – eine einfache Begründung vollkommen aus: Ich will nicht. Punkt.

Darüber hinaus sehe ich in Ihrer Weigerung einen positiven Aspekt: Sie sensibilisiert. Eine der größten Gefahren für den Datenschutz sind unbedachte Preisgaben persönlicher Daten, etwa für lächerliche Werbegeschenke oder auf Internetplattformen. Da ist ein gelegentliches Nein an ungewohnter Stelle nur begrüßenswert und kann zum Nachdenken anregen.

* * *

Samuel D. Warren & Louis D. Brandeis: The Right to Privacy, Harvard Law Review, Heft Nr. 5, Vol IV 1890; online abrufbar unter: http://www.lawrence.edu/fast/boardmaw/Privacy_brand_warr2.html.

Beate Rössler: Der Wert des Privaten, Suhrkamp Verlag, Frankfurt am Main 2001.

Rainer Kuhlen: Informationsethik, UVK Verlagsgesellschaft/UTB, Konstanz 2004.

Raymond Geuss: Privatheit – Eine Genealogie, Suhrkamp Verlag, Frankfurt am Main 2002.

Wolfgang Sofsky: Verteidigung des Privaten, Verlag C. H. Beck, München 2007.

Marie-Theres Tinnefeld, Eugen Ehmann, Rainer W. Gerling: Einführung in das Datenschutzrecht, Oldenbourg Verlag, München 2005.

»Beim Frühjahrsputz bin ich erneut auf ein altes Kreuz gestoßen. Ich lege es seit ungefähr zwei Jahren von einem zum anderen Platz, weil ich nicht weiß, was ich damit machen soll. Eigentlich brauche ich es nicht, dennoch sagt irgendetwas in mir, dass man ein derartiges Symbol nicht einfach in den Müll schmeißen kann. Ich war selbst einmal Ministrant, aber mit der katholischen Kirche kann ich mich nicht mehr identifizieren, auch wenn ich an Gott glaube. Darf man ein Kreuz wegwerfen?«   Paul B., Köln

Zugegeben, auch mir geht der Satz nicht einfach über die Lippen, aber nach längerem Nachdenken und Recherchieren komme ich zu keinem anderen Schluss: Ja, aus moralischer Sicht darf man ein Kreuz wegwerfen. Das habe ich absichtlich ebenso provokant und hart formuliert wie Sie Ihre Frage, was neben der Begründung dieser Ansicht einige Anmerkungen notwendig macht.

Als Erstes braucht man einen Ausgangspunkt für die Überlegungen. Da Ihnen beim Aufräumen der Gegenstand, nicht seine Bedeutung im Wege steht, sollte man meines Erachtens damit beginnen: Zunächst handelt es sich bei einem Kreuz um einen Gegenstand. Und Gegenstände darf man wegwerfen – sofern nichts Spezielles dagegen spricht. Darum geht es in diesem Fall, und ich sehe drei Aspekte, die dafür in Frage kommen: Ihre eigene Religiosität, die Religiosität anderer oder ein dem Kreuz innewohnender, über das Materielle hinausgehender Wert. Ihre Frage lässt ein wenig offen, ob Sie noch etwas mit dem Kreuz verbinden. Wenn ja, wäre es Ihren eigenen Empfindungen gegenüber angebracht, es nicht wie etwas Wertloses zu behandeln. Gleich, ob es sich dabei wirklich um eine moralische Erwägung handelt, auf jeden Fall wäre es ein Akt der Klugheit, darauf zu achten, womöglich bereuen Sie Ihre Tat sonst später.

Eine klare Grenze setzen jedoch auf jeden Fall die religiösen Gefühle anderer: Sie möglichst nicht zu verletzen ist ein allgemeines Gebot, das Sie, was Sie auch immer mit einem Kreuz machen, beachten müssen. Diese Rücksichtnahme kann Sie nicht zwingen, das Kreuz auf Dauer zu bewahren, aber sie würde etwa verbieten, es zum Zwecke der Entsorgung öffentlich kleinzuhacken.

Da Sie das vermutlich nicht planen, bleibt der dritte, entscheidende Punkt: Hat ein Kreuz einen eigenen spirituellen Wert, ist es, salopp ausgedrückt, per se heilig? Nach Auskunft beider großer Kirchen entspricht dies nicht der christlichen Sichtweise. Ihr zufolge kann ein Gegenstand immer nur dem Glauben dienen oder als Symbol die Heilsgeschichte dem Menschen nahebringen, sollte aber nie selbst Objekt der Verehrung oder gar Anbetung werden. Zwar hat das alttestamentarische Verbot »Du sollst dir kein Bildnis machen ... bete sie nicht an und diene ihnen nicht« in den katholischen und lutherischen Kirchen nach der Menschwerdung Christi als »Ebenbild Gottes« nicht mehr den Stellenrang eines eigenen Gebotes; dennoch bleibt auch hier die Grundidee, der Entstehung von Götzenbildern, die als Sache eigene religiöse Bedeutung erlangen, entgegenzutreten.

Deshalb stehe ich auch Bräuchen, wie nicht benötigte Kreuze zu begraben oder als Abwehr gegen das Böse auf dem Dachboden aufzuhängen, eher skeptisch gegenüber. Ich sehe hier sogar eine gewisse Nähe zu Aberglauben oder religiösem Fetischismus. Von verschiedener Seite habe ich den Vorschlag gehört, das Kreuz bei einer christlichen Einrichtung abzugeben, die vielleicht noch Verwendung dafür hat. Das halte ich für einen, wenn auch aus obigen Gründen nicht zwingend gebotenen, so doch praktikablen und sinnvollen Weg, zumal er wohl auch Ihren Gefühlen in dieser Angelegenheit am ehesten entspräche.

»Ich bin niedergelassener Arzt und stehe politisch links. Mit der FDP kann ich mich am wenigsten von allen Parteien identifizieren. Im Streit um die Gesundheitspolitik vertritt sie aber als einzige eine Linie, die meine wirtschaftliche Existenz nicht gefährdet. Kann ich die FDP wählen, obwohl ich in fast allen anderen Fragen keine ihrer Positionen teile?« Hanns-Martin K., Fürth

Sie erwarten doch hoffentlich nicht wirklich eine Wahlempfehlung von mir? Oder Aussagen über sympathische oder unsympathische Parteien oder deren Vertreter? Von meiner persönlichen Einstellung ganz zu schweigen. Aber womöglich hilft es Ihnen zu erfahren, dass Ihr Konflikt gewissermaßen die innermenschliche Variante einer bekannten Diskussion in der politischen Philosophie darstellt: zwischen Liberalismus und Kommunitarismus. Ihre Überlegungen ähneln den jeweiligen Grundpositionen: Stehen Sie als Individuum im Vordergrund und Ihre persönlichen Rechte, wie es der Liberalismus vertritt? Oder die Gemeinschaft und die allgemeine Idee, was gut ist – der Standpunkt der Kommunitarier?

Zwar repräsentiert die von Ihnen grundsätzlich beargwöhnte FDP nicht unbedingt idealtypisch den philosophischen Liberalismus oder die von Ihnen bevorzugte politische Linke den Kommunitarismus. Dieser kann durch seine Rückbesinnung auf moralische Gemeinschaften sogar ausgesprochen konservative Züge annehmen. Dennoch hängt die Frage, wo Sie Ihr Kreuz in der Wahlkabine setzen, davon ab, welcher dieser beiden Grundeinstellungen Sie zuneigen und welche konkreten Ziele Sie primär verfolgen: Ihre persönlichen oder die der Gemeinschaft. Ihr Recht als Bürger beinhaltet beide Möglichkeiten; und es wird auch die Theorie vertreten, dass bei einer Wahl das Gemeinwohl am besten durch die Summe der Eigeninteressen erreicht wird. Allerdings betrachte ich persönlich eine Stimmabgabe gegen die eigene Überzeugung zugunsten des persönlichen Vorteils eher skeptisch.

Sie können in einer repräsentativen Parteiendemokratie sozusagen nur Pakete kaufen. Mit Inhalten, die Ihnen teils gefallen, teils nicht. Sie müssen entscheiden, welche Ziele Sie dabei mittragen können und welche nicht. Es sei denn, Sie engagieren sich persönlich in der Politik, dann können Sie mitbestimmen, wie die Pakete zusammengeschnürt werden.

* * *

Von staatsrechtlicher und staatstheoretischer Seite her betrachtend sehr aufschlussreich mit einem Hinweis auf Ernst Fraenkels umstrittene These vom »Gemeinwohl-Vektor«:

Bernd J. Hartmann: Eigeninteresse und Gemeinwohl bei Wahlen und Abstimmungen, Archiv des öffentlichen Rechts Band 134 (2009), S. 1 – 34.

»Ich lese gern Ihre Kolumne und bin jede Woche gespannt auf die Leserfrage und Ihre Antwort, die ich meistens gerechtfertigt finde. Streng, aber richtig. Aber wenn ich selbst in ähnliche Situationen gerate wie die Fragesteller, halte ich mich doch nicht an Ihre Ratschläge. Ausreden gibt es genug: Einmal ist keinmal, ab morgen wird alles anders usw. Ist es in Ordnung, die Kolumne zu lesen, sich aber nicht danach zu richten?« Luise O., Bad Homburg

Ihre Frage hat gute Chancen, als Beispiel in die Lehrbücher der Ethik aufgenommen zu werden. Betrifft sie doch ein vieldiskutiertes Problem: Reicht als Antrieb für moralisches Verhalten aus, zu erkennen, was richtig und was falsch ist? Oder benötigt man zusätzliche Motive? Da diese zusätzlichen Motive außerhalb der Moral liegen, nennt man die Position, die sie fordert, Externalismus. Die Gegenposition, der Internalismus, meint dagegen, das aufrichtige (!) Vertreten einer moralischen Überzeugung sei automatisch mit einer entsprechenden Motivation verknüpft. Oder wie der amerikanische Ethiker William K. Frankena formulierte, »die Motivation ist irgendwie in die moralischen Verpflichtungsurteile ›eingebaut‹«. Natürlich werden, wie üblich in der Philosophie, die verschiedensten Zwischenpositionen vertreten, und auch die Internalisten behaupten nicht, dass die moralischen Motive immer stark genug sind, um sie in Handlungen umzusetzen.

Insofern wird auch Ihr Fall die Diskussion nicht beenden können, aber Ihre Frage lässt sich beantworten: Selbstverständlich gibt es keine Verpflichtung, sich nach der »Gewissensfrage« zu richten; schließlich bin ich kein moralischer Gesetzgeber. Schließen Sie sich jedoch meiner Ansicht an und erachten sie als moralisch richtig, sollten Sie auch nicht anders handeln; denn das hieße für Sie, sich unmoralisch zu verhalten.

Es bleibt jedoch die zweite Frage: Dürfen Sie sich dann trotzdem guten Gewissens an der Kolumne erfreuen? Aber sicher doch. Es mag nicht ideal sein, die »Gewissensfrage« zu lesen und dann regelmäßig das Gegenteil zu tun, aber noch schlechter wäre, sie nicht einmal zu lesen. Denn insoweit bin ich – um auf den Anfang zurückzukommen – Internalist und glaube, dass die moralische Erkenntnis, die Sie dabei gewinnen, auch Ihre Motivation, danach zu handeln, zumindest ein klein wenig steigert. Und das ist besser als nichts.

★ ★ ★

William K. Frankena: Obligation and Motivation in Recent Moral Philosophy (1958). In: Kenneth E. Goodpaster (Hrsg.): Perspectives on Morality. Essays by William K. Frankena, Notre Dame / London 1976, S. 49 – 73.

Einen guten Überblick über den Gegensatz zwischen Internalismus und Externalismus findet man bei:

Nico Scarano: Motivation. In: Marcus Düwell, Christoph Hübenthal, Micha H. Werner (Hrsg.): Handbuch Ethik, Verlag J. B. Metzler, Stuttgart, Weimar 2002, S. 432 – 437.

Herlinde Pauer-Studer: Einführung in die Ethik, Facultas Verlag, Wien 2003, S. 179 ff.

Detlev Horster: Was soll ich tun? Moral im 21. Jahrhundert, Reclam Verlag, Leipzig 2004, S. 69 ff.

SACHREGISTER

PERSONENREGISTER